Pye
Ein Junge

Von Mark Tres

AF667580

Pye

Ein Junge

für Thomas

Von Mark Tres

Rediroma-Verlag

Bibliografische Information der Deutschen Nationalbibliothek:
Die Deutsche Nationalbibliothek verzeichnet diese Publikation in der Deutschen Nationalbibliografie; detaillierte bibliografische Daten sind im Internet über http://portal.dnb.de abrufbar.

ISBN 978-3-96103-598-4

Copyright (2019) Rediroma-Verlag

Alle Rechte beim Autor

www.rediroma-verlag.de
8,95 Euro (D)

Inhalt

Pye, ein Junge

Pye wusste, dass er irgendwie anders war. Seit er sich mit vier oder fünf Jahren länger im Spiegel betrachtet hatte, wusste er das. Er konnte nicht genau sagen, wie anders, aber doch eben anders. Sein Kopf war runder als der seiner Kindergartenfreunde. Auch seine Augen waren irgendwie runder oder größer. Er konnte es nicht sagen. Und es war nicht unhübsch. Ganz im Gegenteil – wie seine Mutter Anna Maria ihm versicherte. Aber irgendwie war er anders. Und seine Haut hatte leicht eine andere Farbe als die der meisten Kinder. Seine Haut war etwas bleicher und doch unempfindlicher auf die Sonnenstrahlen, wenn sie mit dem Kindergarten oder jetzt der Schule baden gingen. Während sich die anderen Kinder eincremten, um in der mexikanischen Sonne nicht allzu schnell einen Sonnenbrand zu bekommen, schien es geradewegs, als ob die Sonne seiner Haut nichts anhaben konnte. Den anderen Kindern war Pyes Besonderheit egal. Meistens zumindest.

Bei Koko war das anders. Koko war mit ihrer Oma und ihrem Opa vor zwei oder drei Jahren in Pyes Straße gezogen, ganz am unteren Ende, dorthin, wo die Straße in die Wiesen und Maisfelder überging. Koko, ihr eigentlicher Name war ganz anders, hatte ganz schwarze Haut und war, wie Anna Maria sagte, aus Afrika hierhin gezogen. Auch andere Kinder hatten dunkle Haut, aber Kokos Haut war so unglaublich schwarz, dass man sie in der Nacht ganz sicher nicht sehen konnte. Außer sie bleckte die Zähne oder rollte mit weit aufgerissenen Augen. Pye konnte Koko gut leiden und anfangs nannte er sie Schoko, bis Anna Maria ihm erklärte, dass das wohl sehr unfein sei. So gab Pye seiner Freundin den Namen Koko. Pye glaubte, dass die anderen Kinder manchmal sogar ein bisschen Angst vor Koko hatten, wegen der dunklen Farbe und vielleicht auch wegen des Hauses, in dem Koko wohnte. Früher, also bevor Koko mit Oma und Opa in das Haus am Ende der Straße zogen, soll es in dem Haus sogar Gespenster gegeben haben. Aber Kokos Opa hat das Haus außen ganz bunt gestrichen und Anna Maria hat gesagt, dass das wohl das beste Mittel gegen Gespenster sei. Jedenfalls, und das schwor Koko bei ihrem kleinen Finger (und so ein Schwur ist in Afrika ganz besonders heilig), waren ihr zu Hause noch nie Gespenster untergekommen. Pye fand nur, dass Kokos Opa, wo er doch das Haus schon neu gestrichen hatte, auch gleich den Garten etwas aufräumen hätte können. Da lagen ganz viele alte Sachen, sogar ein Teil eines alten Flugzeuges gab es da. Das hatte Pye mit eigenen Augen gesehen, als er mit seinem Freund Jose Albers, das war der Junge vom Haus nebenan, der mit ihm in die gleiche Klasse ging, einmal heimlich auf Expedition zum Geisterhaus gegangen war. Das war natürlich noch bevor Koko da einzog. Und heimlich war es, weil Anna Maria Pye eigentlich verboten hatte, dort bei dem Haus herumzuschleichen. Nicht wegen irgendwelcher Gespenster, sondern weil sie wusste, dass dort im Garten so viele alte und mitunter auch gefährliche Dinge herumlagen: spitze Rohre, alte und zerbrochene Glasscheiben, schwere Eisentore, Seile, alte Motoren, überhaupt eine Menge Dinge, die für Jungs in Pyes und Joses Alter interessant waren.

Pye betrachtete sich weiterhin im Spiegel und schielte zudem daran vorbei aus dem Fenster seines Zimmers. Jetzt war Wochenende und just seit Freitagmittag regnete es in Strömen. Dabei hatten er, Jose und Koko doch so viel für das Wochenende geplant. Bei dem Regen war an ein Spielen draußen gar nicht zu denken. Der Regen floss in wahren Bächen die Straße herab und weiter Straßen abwärts in Richtung Kokos Haus. Dort war die Straße nicht mehr asphaltiert und der Schotter der Straße hatte sich längst in eine Schlammrutsche verwandelt. Entweder es war staubtrocken und monatelang brütend heiß oder nichts und niemand schien dem Regen Einhalt gebieten zu können.

Pye fand das Wetter hier nicht so toll. Sein Großvater lebte im Norden, in Amerika, fast schon an der Grenze zu Kanada. Da gab es, zumindest hatte ihm Großvater das erzählt, jedes Jahr vier verschiedene Jahreszeiten: Schnee, also Winter, Regen und Sonne, das war der Frühling, viel Sonne, das klang nach Sommer, und Regen und wenig Sonne, wie es sich für den Herbst gehörte. Das schien Pye besser als das Wetter hier. Er hatte Anna Maria auch schon mehrmals gefragt, warum sie nicht zu Großvater nach Amerika umziehen könnten. Der hatte dort ein großes Haus und bevor Großmutter gestorben war, wäre Anna Maria fast dorthin gezogen. Anna Maria sagte nur, sie müsse auf etwas warten und als Großmutter dann starb, schien es Anna Maria auch nicht mehr so bedeutsam, in den Norden zu ziehen. Vielleicht lag das auch an der neuen Großmutter, die Großvater eines Tages bei sich wohnen ließ. Jedenfalls hatte Pye danach aufgehört, nach dem Umzug zu fragen. Hier war es ja auch toll, hier hatte er Jose und Koko und seine anderen Freunde – wenn nur das Wetter nicht so extrem wäre.

Koko rief an. Sie lud Pye und Jose ein, zu sich in das Gespensterhaus zu kommen. Die ganzen zwei Jahre, in denen Koko schon in der Straße wohnte, hatte sie weder Pye noch Jose jemals zu sich eingeladen.

„Darf ich?“, fragte Pye seine Mutter Anna Maria und nachdem die wusste, dass sie bei diesem Regen ganz sicher nicht im Garten spielen würden, antwortete sie: „Ich fahr dich runter“.

Bei Jose dürfte es genauso gewesen sein. Jedenfalls klopfte Jose gerade, als Pye und seine Mutter aufbrechen wollten. Er fragte, ob sie ihn wohl mitnahmen.

Kokos Großvater stand schon in der Tür und winkte, als Pye und Jose gebracht wurden. Der Garten sah wirklich wild aus. Mit einem Schirm in der Hand und Sandalen, durch die das Wasser hindurchlief, eilte Kokos Opa zum Wagen und hielt den Schirm über die Jungs, damit sie von dem Regen nicht ganz durchnässt wurden.

„Ich bring sie dann wieder rauf“, ließ Kokos Opa Anna Maria wissen und schlug die Wagentür mit Schwung zu. Kokos Opa war auch ganz schwarz. Sein Mund war aber immer irgendwie lustig verdreht, fast so, als ob er dauernd lachen würde. Seit rund einem Jahr hatte er einen schneeweißen Bart am Kinn. Wäre er nicht so schwarz gewesen, hätte er sicher einen tollen Weihnachtsmann oder Nikolaus abgegeben.

Koko wäre fast die Treppe in die Diele heruntergefallen, so schnell lief sie herab, um Pye und Jose in Empfang zu nehmen. Am Ende des Flures guckte Kokos Oma halb durch den Türrahmen, der – wie Pye vermutete – Küche, und rief: „Ich backe gerade. In einer Stunde gibt‘s Kuchen."

„Danke, das klingt toll", riefen Pye und Jose wie aus einem Mund. Sie beeilten sich, um hinter Koko die Treppe hinauf zu laufen. Kokos Zimmer lag oben, ganz oben. Also nach der Treppe ging es noch einen Stock höher und dort hatte Kokos Opa den gesamten Dachboden für Koko zu einem riesigen Zimmer ausgebaut.

„Wow", entfuhr es Pye.

„Nicht schlecht, was?", kommentierte Koko Pyes Reaktion.

„Nicht schlecht", murmelte auch Jose.

Koko war ganz aufgedreht. „Ich hab da etwas gefunden …" Sie tanzte förmlich durch den Dachboden, während sich Jose und Pye verwundert ansahen. Was war mit Koko los?

„Ich hab da etwas entdeckt", lockte Koko ihre Freunde an die andere Seite des Dachbodens. Dort zeichnete das trübe Regenlicht durch ein rundes Dachbodenfenster ein helles Oval auf den Boden.

„Aber ihr dürft es nicht verraten!"

Pye und Jose sahen sich gegenseitig an.

„Schwört es!", forderte Koko.

„Wir schwören es bei …" Beide dachten kurz nach. „Bei unserem kleinen Finger." Und sie hoben ihre Hände mit weggestreckten kleinen Fingern.

„Gut", meinte Koko. „Setzt euch hierher an den Rand des Ovals."

Pye und Jose setzten sich an den Lichtrand des Ovals auf den Boden.

„Nicht schlecht für ein Gespensterhaus", entfuhr es Jose.

„Von wegen Gespenster“, erwiderte Koko, kniete sich zu den Jungs und fingerte an einem der Bodenbretter herum. Als Jose und Pye begriffen, dass Koko versuchte, eines der Bretter zu lösen, halfen sie ihr. Das mittlere Brett ließ sich anheben und dann nach hinten wegziehen, sodass sich genau vor den knienden Kindern eine Art Fach im Boden auftat.

„Guckt mal“, meinte Koko. „Und es kommt noch besser.“ Sie deutete den Jungs in das Fach zu greifen. Pye streckte seine Hand hinein und fühlte so etwas wie Papier, glattes Papier. Er zog es vorsichtig heraus. Fotos. Sie hatten in der geheimen Lade alte Fotos gefunden. Offenbar hatte Koko die Fotos schon gesehen, denn sie drängte Pye, die Fotos zu betrachten. „Schau doch mal, sieht die nicht aus wie ...“

Pye hielt inne. Tatsächlich. Da war auf einigen Fotos eindeutig eine Frau zu sehen, die seiner Mutter zum Verwechseln ähnlich sah – und war das da links nicht Großvater?

Die Tagträume

Pye hatte keinen Vater. Nicht so wie andere Kinder im Kindergarten oder der Schule. Die hatten entweder einen Vater oder wussten, dass es einen Vater gegeben hatte, der sich aber entschieden hatte, woanders zu leben. Oder wie bei Sebastian, der seinen Vater öfter am Sonntag am Friedhof besuchte, weil dieser vor einigen Jahren an einer schweren Krankheit gestorben war. Pye schien keinen Vater zu haben. Es gab keine Fotos von seinem Vater und obwohl er Anna Maria schon mehrfach nach seinem Vater gefragt hatte, schien Anna Maria darauf nicht antworten zu wollen.

Einmal, als sie glaubten, er könne sie nicht hören, hatte er in der Schule zwei Mitschüler belauscht, die sich darüber unterhielten, dass sein Vater wohl ein Alien gewesen sei. Das Wort Alien hatte Pye zuvor noch nie gehört, also fragte er seine Mutter Anna Maria, was denn wohl ein Alien sei. Anna Maria war wegen der Frage sichtlich verunsichert und Pye glaubt auch, dass sie mit dem Schuldirektor gesprochen hatte, sodass die beiden Mitschüler am nächsten Tag zum Schuldirektor gerufen worden waren. Aber was der ihnen gesagt hatte, wusste Pye natürlich nicht. Ein Alien, so hatte Anna Maria Pye erklärt, sei ein außerirdisches Wesen von einem anderen Stern, und das könne ja wohl schwerlich Pyes Vater sein. Das schien Pye einzuleuchten. Von Außerirdischen hatte er schließlich schon gelesen. Die kamen von weither am Sternenhimmel, sahen furchterregend aus, oder auch nicht, und konnten ganz wild sein, oder eben auch nicht. Zumindest schien das Pye auf der Suche nach seinem Vater nicht weiterzubringen. Und da er das Gefühl hatte, dass seiner Mutter die Frage nach seinem Vater unangenehm war, ließ er es dabei bewenden. Wann immer in der Schule oder zuvor im Kindergarten die Sprache auf die Väter kam – sei es, was sie denn für Berufe hätten, oder ob sie wohl doch zu Hause mit anpackten – erfand Pye einfach einen Vater. Ganz so, wie er es für richtig hielt. Da konnte er schon mal als Beruf Raumfahrer angeben oder auch Pilot oder Reisender, der unterwegs sei, und die Lehrerin hatte stets nur wohlwollend genickt und im Gegensatz zu den Berufsangaben anderer Kinder bei Pye noch nie nachgehakt oder eine Zusatzfrage gestellt. Großvater reagierte bei dem Thema sowieso stets verärgert. Pye wusste nicht, warum, aber sobald er von ihm etwas über seinen Vater wissen wollte, hieß es, er solle dazu wohl besser seine Mama fragen. Pye wusste, dass da irgendetwas nicht stimmte. Er konnte es fühlen, aber er konnte sich noch keinen Reim darauf machen. Aber irgendwann, das hatte er sich fest vorgenommen, irgendwann wollte er das Geheimnis rund um seinen Vater lüften.

„Pye, kommst du?“ Jose, sein Freund, rief ihn nun schon zum dritten Mal, als Pye es endlich hörte. Das passierte Pye schon mal und Jose kannte dieses Phänomen bei seinem Freund schon. Pye konnte sich so in seinen Gedanken verlieren, dass er alles rund um sich herum vergaß oder schlicht nichts mehr sah oder hörte. Manchmal konnte das ganz schön beängstigend sein oder auch fatal. Einmal, Pye war gerade beim Abendbrotessen, als er sich in seine Gedanken verlor. Da hätte er um ein Haar die Serviette mit verspeist. Besonders sein Großvater fand das unmöglich. Wenn er zu Besuch war und Pye so unansprechbar wandelte, ärgert es ihn jedes Mal. Irgendwie erinnere ihn das an Pyes Mutter Anna Maria, sagte er dann und zumeist brummte er noch ein paar unverständliche Sachen und rollte mit den Augen. Pyes Mutter überhörte das stets geflissentlich.

„Komme schon.“ Pye schien wieder zurück und nahm seine Schultasche vom Boden. Er hängte sie sich halb über die Schulter und lief den Gang hinab zum Pausenhof, wo Jose stand und auf ihn wartete.

„Fragst du heute deine Mutter?“

„Vielleicht“, erwiderte Pye. Erst vor wenigen Tagen hatte er mit seiner Freundin Koko und Jose alte Fotos von Opa und seiner Mama gefunden. Und zwar just im doppelten Boden des ehemaligen Geisterhauses, in das Koko vor zwei Jahren mit ihren Großeltern eingezogen war.

„Mal sehen“, meinte Pye und tappte dabei mit seiner großen Zehe auf den Boden, so wie er es sonst nur tat, wenn er verlegen war oder bei etwas erwischt wurde. Pye war sich nicht sicher, ob er seine Mama fragen sollte. Er hatte zwei ganze Nächte darüber nachgedacht, was eine Antwort seiner Mutter bedeuten konnte. Sie konnte die Fotos weggeworfen haben und irgendwer, vielleicht sogar die Geister oder ein früherer Hausbewohner, hatte sie gefunden und beschlossen, sie aufzuheben und zu verstecken. Sie konnte sie aber auch den früher netten Bewohnern des Geisterhauses geschenkt haben und die hatten die Bilder so toll gefunden, dass sie die Fotos aufheben wollten. Als sie wegzogen, versteckten sie die Fotos in dem doppelten Boden am Dachboden. Aber wer wirft schon Fotos mit seinen Eltern weg oder schenkt sie gar den Nachbarn? Pye war überzeugt, dass Mama sie viel eher selbst dort versteckt hatte. Aber warum und wozu? Hatte seine Familie vielleicht früher selbst in dem Geisterhaus gelebt? Pye spürte, dass er die Antwort auf seine Frage nach den Fotos gar nicht hören wollte. Auf dem restlichen Weg nach Hause beschloss er, selbst hinter das Geheimnis zu kommen. Er hatte gar nicht gemerkt, dass Jose ihm auf dem ganzen Weg etwas über den Jungen aus der dritten Klasse erzählt hatte. Erst jetzt, zu Hause angekommen, merkte er, dass er wieder einmal in seine Gedankenwelt abgezogen war. Auch Jose schien das zumindest auf den letzten Metern gemerkt zu haben. Seine Erzählung war versiegt.

„Wir sehen uns morgen“, sagte Pye zu Jose.

„Und dann höre ich mir die Sache mit dem Jungen ganz sicher an“, fügte Pye noch an, ehe er über das Gartentor griff und mit geübtem Griff von innen das Tor entriegelte.

„Na dann bis morgen“, stöhnte Jose, der im nächsten Gartentor verschwand und dessen Stimme man anhörte, dass er es gewohnt war, öfters vergeblich zu erzählen. Eigenartigerweise schien er nicht beleidigt, keinen Zuhörer für seine Geschichte gefunden zu haben. Bei manchen Geschichten, so fand Jose, war es durchaus auch nützlich, sie jemandem zu erzählen, der nicht zuhörte.

Pye auf der Suche

Der Kuchen von Kokos Oma hatte ihnen ganz vorzüglich geschmeckt, ebenso das Sprudelwasser, das sie dazu getrunken hatten. Pye versuchte, sich an die Details bei seinem Besuch bei Koko zu erinnern. Aber da war nichts Besonderes. Außen war das Haus neu gestrichen, in lila, nicht gerade Pyes Lieblingsfarbe. Der Garten, ja, der war wohl wirklich noch so unaufgeräumt wie eh und je, aber innen schien das Haus wie jedes andere auch zu sein. Kokos Opa hatte die Wände schön gestrichen, die Holzfußböden waren dick mit Wachs eingelassen und vermutlich darunter sogar geschliffen worden, um keine Spuren der früheren Bewohner mehr erkennen zu können. Die Möbel, na ja, Pye dachte, es dürften wohl schon ältere Möbel sein. Oma und Opa Möbel eben. Aber sonst – Pye konnte sich an nichts Eigenartiges erinnern. Nichts im Entferntesten, das den Ruf eines Geisterhauses nährte, warum auch? Koko hätte das ja längst gemerkt, wo sie doch schon zwei Jahre in diesem Haus wohnte. Natürlich, der doppelte Boden am Dachboden war ungewöhnlich und natürlich erst recht das Geheimfach. Aber das war keine Sache von Geistern, da war sich Pye sicher. Das Geheimfach mussten ehemalige Bewohner gebastelt haben. Und als Kokos Opa für sie den Dachboden so toll umbaute, da muss das Geheimfach im Boden plötzlich wieder zum Vorschein gekommen sein.

Pye überlegte, seine Lehrerin zu fragen. Vielleicht wusste sie, wer früher in dem Haus gewohnt hatte. Da hörte er von unten die Stimme seiner Mutter: „Er ist oben."

Und wenig später schob sich Kokos Kopf durch den Türspalt.

„Du hast sie nicht gefragt, stimmt's?"

„Ja, nein, wir werden das auch anders herausfinden."

„Wir könnten die Nachbarn fragen", meinte Koko.

„Oder deinen Opa. Von irgendjemanden muss er das Haus ja gekauft haben", entgegnete Pye.

„Gemietet"

„Was?"

„Wir haben das Haus nur gemietet, das hat mir Opa erzählt.“ Koko warf sich auf Pyes Bett. „Und wir dürfen ausdrücklich den Garten nicht aufräumen.“

„Wie bitte?“

„Ja, wir dürfen den Garten ausdrücklich nicht aufräumen, das war die Bedingung für die Miete. Wenn wir im Haus etwas reparieren oder herrichten, dann wird um diese Arbeit die Miete billiger. Darum können wir uns die Miete ja leisten. Opa ist ein prima Handwerker.“ Koko nestelte an ihren Kraushaaren.

„Das ist ja alles höchst seltsam“, meinte Pye. „Und die Nachbarn können wir auch nicht fragen, die kennen doch Mama und wenn wir komische Fragen stellen, wird sich das rasch zu ihr rumsprechen.“

„Da hast du recht – hm, was sollen wir dann tun?“

„Lass uns nachdenken.“

Praktischerweise brachte Anna Maria genau zum Nachdenken frischen Zitronensaft und tat natürlich so, als ob sie nicht merkte, das Koko und Pye über etwas brüteten. Als Pyes Mutter wieder unten war, hatte Pye eine Idee: „Wir könnten Mister Salamander fragen. Der wohnt doch schon ewig in der Straße und der spricht doch mit niemandem, also kann er auch niemandem erzählen, was wir gefragt haben.“

„Prima Idee, Pye, aber vergisst du nicht etwas?“

„Was denn?“

„Naja, wenn er mit niemandem spricht, wie soll er dann mit uns sprechen? Außerdem ist mir dieser Mister Salamander unheimlich. Meine Oma hat mir einmal erzählt, dass er von allen Salamander genannt wird, weil er heimlich durch die Gegend schleicht, und zwar so leise und unauffällig wie ein Salamander. Salamander ist nämlich gar nicht sein richtiger Name, sondern nur sein Spitzname.“ Koko dachte nach. „Und außerdem ist mir seine Wohnadresse unheimlich.“

„Sagt die, die in einem sogenannten Geisterhaus lebt“, ätzte Pye.

„Und wenn er nicht mit uns spricht?“

Koko gab nicht auf, Pye von seiner Idee abzubringen.

„Wir werden uns eben etwas Besonderes einfallen lassen müssen.“

Pye war im Übrigen kaum von etwas abzubringen, was er sich in den Kopf gesetzt hatte. Das war schon immer so. Auch damals, als er zu guter Letzt im Krankenhaus landete, weil er dachte – ja, sich sicher war –, es mit einem Sprung vom Dach des Hauses auf die Garage zu schaffen. Aber das ist eine andere Geschichte.

„Wir könnten ihm doch etwas schenken“, meinte Koko.

„Etwas schenken?“

„Ja, und wir schreiben uns als Absender drauf. Und wenn er dann kommt, um sich zu bedanken, muss er ja mit uns reden“, führte Koko ihre Idee weiter aus.

Pye nippte nachdenklich an seiner Zitronenlimonade. „Nein, denn erstens, was sollten wir ihm schon schenken, und zweitens, wenn er dann wirklich käme, glaubst du nicht, meine Mutter fände es mehr als eigenartig, wenn Mister Salamander plötzlich unten vor der Tür steht, klingelt uns nach uns verlangt, weil er sich bei uns für ein Geschenk bedanken möchte?“

Koko sah ein, dass das das wohl nicht der beste Weg war, aber so hätten sie wenigstens nicht zu Mister Salamander hinaus gemusst. Sie zuckte resignierend die Achseln.

„Wir könnten ihn zu unserem Klassenabschlussfest nächsten Monat einladen. Sozusagen als besonderen Ehrengast.“

„Und du glaubst, da würde er kommen?“,zeigte sich Koko skeptisch.

„Naja, die Einladung müsste etwas Besonderes sein und ich fürchte“, Pye hielt im Satz inne, „wir müssten die Einladung schon persönlich zu Mister Salamander rausbringen.“

Der Plan war rasch gefasst. Schon am nächsten Morgen wollten Sie Frau Penelope Weissviel, ihre Lehrerin bitten, ihnen eine Einladung für Mister Salamander, ihren besonderen Gast für das Klassenabschlusstreffen, mitzugeben.

Jeder Schüler durfte zum Klassenabschlusstreffen neben seinen Eltern und Verwandten nämlich stets einen besonderen Gast einladen. Das konnten Freunde sein, ehemalige Mitschüler, manche luden auch wichtige Leute zum Beispiel von der der Feuerwehr oder aus dem Krankenhaus ein, Leute eben, mit denen sie im Laufe des Jahres zu tun hatten, weil sie zum Beispiel krank waren und der Arzt im Krankenhaus sie wieder gesund gemacht hatte. Oder wie im Fall von Jose, der den Feuerwehrhauptmann einlud, weil dieser besonders schnell zur Garage seiner Eltern gekommen war, um das dort ausgebrochene Feuer zu löschen. (Die Brandursache wurde übrigens nie herausgefunden.) Heuer würden Pye und Koko eben Mister Salamander einladen. Aus Nächstenliebe, wie sie Frau Penelope Weissviel weismachten, damit er mehr unter die Leute kam. Penelope Weissviel kannte natürlich ihre Schüler nur allzu gut. Sie wusste sofort, dass das nicht stimmen konnte. Aber sie hatte, obwohl sie lange nachgedacht hatte, keine Idee, was die Schüler da ausgeheckt hatten. So entschied sie, Pye und Koko die Einladung für Señor Enrique Salvatore Humbold, so hieß Mister Salamander nämlich wirklich, zu geben.

Zu Besuch

Enrique Salvatore Humbolds Haus war eigentlich gar nicht weit außerhalb der Stadt. Im Grunde lag es nur zwei Straßen hinter der Schule, links auf einem kleinen Hügel. Zu Füßen des Hügels, der auch nur gerade so hoch war, dass Enrique Salvatore Humbolds Haus über den anderen Häusern hervorlugte, waren in den letzten Jahren viele schöne Villen gebaut worden. Dennoch kamen die Kinder von der Schule eigentlich nie in dieses Viertel, außer Eleni natürlich. Ihre Eltern, oder zumindest ihr Papa war Politiker oder Diplomat oder jedenfalls etwas ganz Wichtiges und so wohnte sie in diesem Viertel. Aber Pye, Koko und auch Jose wussten nicht genau, wo. Ach ja, Jose, den hatten Pye und Koko in ihren Plan eingeweiht, schließlich war er ja ihr Freund.

Nach dem Regen der letzten Tage kamen wie üblich schlagartig die Hitze und die brennende Sonne zurück. Der Schlamm auf der ungeteerten Straße auf dem letzten Stück zu Kokos Geisterhaus war binnen einer halben Stunde fest wie Stein aufgetrocknet. Koko musste gut acht geben, mit dem Fahrrad nicht in die Fahr-Rillen zu geraten. Pye und Jose warteten schon vor ihren Häusern auf Koko. Pye hielt den Umschlag mit der Einladung in der Hand. „Los geht's, Leute."

Begeisterung, zumindest bei Koko und Jose, sah anders aus.

„Wer weiß, was uns da erwartet", unkte Jose, aber Pye war schon in die Pedale getreten. Koko und Jose strampelten hinterher. Kurz ging es bergauf, dann entlang der Straße Richtung Schule und links herum bis zum Fuß des Hügels sogar leicht bergab. Da standen sie nun am geschmiedeten Eingangstor, hinter dem sich die Auffahrt zu Enrique Salvatore Humbolds Haus befand.

„Was macht ihr denn hier?"

Die drei Kinder fuhren herum, sichtlich erschrocken.

„Hallo, Erde an Pye", wiederholte Eleni. „Was macht ihr denn hier?"

Koko hatte sich als Erste wieder gefasst. „Wir besuchen Mister Salamander“.

„Señor Humbold“, korrigierte Pye seine Freundin, dessen Überraschung nun ebenfalls gewichen war. Nur Jose stand noch da mit herumgedrehtem Kopf, unbequem über sein Rad gespreizt und mit weit aufgerissenen Augen. „Was machst du denn hier, Eleni?“

„Na was wohl, wohnen“, antwortete das Mädchen und nickte mit dem Kopf auf die gegenüberliegende Einfahrt. „Wir wohnen hier.“

„Dann kennst du Señor Humbold?“, erkundigte sich Pye.

„Also“, Eleni flüsterte fast, „Ich habe Mister Salamander kaum jemals gesehen noch glaube ich, dass meine Eltern das haben. Dieses Haus war für mich und meine Geschwister schon immer – wie soll ich sagen – Tabuuu.“ Eleni zog die letzten Buchstaben des Wortes in die Länge, als würde sie einen bösen Fluch aussprechen. „Aber vielleicht versteht ihr euch ja ganz prächtig, so von Geisterhaus“, und dabei warf sie Koko einen eindeutigen Blick zu, „zu Tabuuuhaus.“

In dem Augenblick schwang das Gartentor zu Elenis Haus auf. Ihre Mutter fuhr mit dem Wagen heraus.„Kommst du?“

„Ja Mama.“

Eleni stieg auf den Rücksitz und ließ die drei verdutzten Freunde stehen. Wie von Geisterhand schloss sich das Gartentor wieder. Der Wagen mit Eleni und ihrer Mutter bog schon wieder in die nächste Gasse ab.

„Puh, alles nur Geschichten“, versuchte Pye, seine beiden Freunde zu beruhigen. Aber ein Blick auf deren Gesichter sagte ihm, dass beide jetzt ganz viel lieber woanders gewesen wären als hier mit ihm an der Pforte zu Mister Humbolds Haus.

Jetzt oder nie, dachte sich Pye. Noch bevor seine Freunde ihn daran hindern konnten, war er vom Rad gestiegen, auf das Gartentor zugegangen und hatte den großen Messingknopf am Torpfosten mit dem Klingelzeichen gedrückt.

Pye wartete, während sich Jose und Koko aufs Äußerste gespannt anschickten, jederzeit loszutreten und das Weite zu suchen. Nichts geschah. Die Freunde blickten sich an. Keine Hunde, die anschlugen, keine knarzende Sprechanlage, rein gar nichts, das vermuten ließ, dass der Messingknopf noch funktionierte.

„Wir könnten ihm die Einladung auch in den Briefschlitz stecken." Das war in Joses Augen der sicherste und unverfänglichste Weg.

„Aber dann wird er nicht verstehen, warum er kommen soll, und wenn wir Pech haben, kommt er nicht oder wenn doch, hat er keinen Grund, mit uns zu reden", warf Koko ein.

„Koko hat recht. Das ist keine gute Lösung." Pye betrachtete den Messingknopf aus allen Richtungen. „Er sieht nicht kaputt aus!"

Koko zuckte die Achseln. Da geschah etwas Unerwartetes. Ganz langsam begann sich ein Flügel des Gartentores aufzuschieben. So lange, bis er schließlich ganz im Anschlag offen stand. Die Freunde sahen schweigend einander und abwechselnd das Gartentor an.

„Und nun?

„Und nun ist das Gartentor offen. Das schaut ja wohl wie eine Aufforderung aus, hineinzukommen", fasste Pye die Situation zusammen. „Also Leute, mir nach."

Pye schwang sich wieder aufs Rad. Als er aber sah, dass Koko und Jose ihm zwar folgten, ihr Rad aber schoben, stieg er auch lieber vom Rad und schob es neben den beiden anderen die Auffahrt hoch. Als sie ungefähr die Hälfte der Auffahrt hochgegangen waren, hörten sie, wie hinter ihnen das Gartentor mit einem knappen Klacklaut wieder in das Schloss geglitten war.

„Kein Weg mehr zurück", kommentierte diesmal Jose. Koko zuckte nur mehr die Schultern. Links und rechts des Weges waren viele große Sträucher, die wohl vor längerer Zeit einmal liebevoll an bestimmte Stellen gepflanzt worden waren, seitdem aber sich selbst überlassen schienen.

„Mama hätte gesagt, hier muss mal jemand mit einer Schere durchgehen“, flüsterte Pye. Anna Maria, Pyes Mama verstand viel von Pflanzen. Sie konnte es gar nicht leiden, wenn jemand seine Pflanzen nicht gut pflegte. Einmal hatte sie deshalb sogar schon Ärger bekommen, damals, als Pye noch in den Kindergarten ging. Da wuchs eine schöne lila Winde im Innenhof, die aber von Jahr zu Jahr mehr und mehr wucherte und daher auch schon fast gar nicht mehr blühte. Da hatte Mama eines Tages einfach die Gartenschere mit in den Kindergarten genommen und selbst die gröbsten Äste abgeschnitten. Sie dachte, der Kindergartenchef freue sich darüber. Tat er aber nicht. Pyes Mama musste versprechen nie mehr eine Gartenschere in den Kindergarten mitzunehmen.

Weder im Garten noch an der Auffahrt noch am Haus sahen oder hörten die Kinder jemanden. Das einzige, was man hören konnte, war das Knirschen des Kieses unter ihren Schuhen. Das Haus hatte im ersten Stock einen ausladenden Balkon, der von zwei Säulen getragen wurde und so den ganzen Eingang beschattete. Hier lehnten die Kinder ihre Räder an eine der Säulen und schauten sich um. Die Haustür machte fast einen verlassenen Eindruck, wenn auch Pye für einen kurzen Moment dachte, hinter dem Vorhang, der die mittige Glaseinrahmung der Haustür abspannte, hätte er eine Bewegung gesehen. Seine Freunde hatten dies nicht bemerkt.

„Lass uns wieder fahren“, meinte Jose.

Da begrüßte sie eine tiefe Stimme. Ein Mann kam um das Hauseck geradewegs auf sie zu. „Hallo Kinder, ihr wollt zu mir?“

„Mister, äh, Señor Humbold, ja, wir möchten Sie einladen“, stammelte Koko den Satz, der eigentlich Pyes Text gewesen wäre.

„Wollt ihr?“, wiederholte Humboldt und kam näher. Humbold, oder Mister Salamander, sah für einen alten Mann sehr gepflegt aus. Er war mindestens 60 oder 70, vielleicht sogar noch älter. Er trug eine helle Hose und ein kariertes Hemd. Nur seine Frisur war, na, wie soll man sagen, nicht so adrett. Seine Haare waren zu lang und hingen in dünnen Fäden links und rechts des Gesichts herab. Auch ein Fall für die Schere, dachte Pye bei sich, hütete sich aber, das auszusprechen.

Mister Salmanders Haus

Humboldt lud die Kinder ein, ihm ins Haus zu folgen. Dabei war den Dreien ganz schön mulmig zumute, mussten sie doch an Humbolds Spitznamen Mister Salamander denken. Dabei ging er ganz normal, nicht irgendwie schlängelnd oder so. Auch der Hausflur unterschied sich nicht von anderen Häusern. Vielleicht hinten hier mehr Bilder an der Wand als sonst wo.

„Das sind Auszeichnungen, du weißt schon, solche, die man bekommt, wenn man einen besonderen Beruf hat oder eine besondere Ausbildung. Wie beim Arzt, da hängen doch auch lauter solche Urkunden", flüsterte Koko.

Salamander schien sie nicht gehört zu haben. „Hier herein, bitte, ich nehme an, ihr seid durstig?"

Mister Salamander blieb in der Tür zu einem Raum stehen, das wie ein Esszimmer aussah, und leitete die Kinder hinein.

„Hm, ja, bitte."

„Limonade, nehme ich an. Dazu muss ich rasch in den Keller, setzt euch inzwischen doch."

Die Freunde wollten erwidern, Wasser sei auch recht und dass sie keine Umstände machen wollten. Denn desto schneller wären sie wieder unten auf der Straße, aber Mister Salamander war schon hinter einer Türe verschwunden. Man hörte nur mehr seine schlurfenden Schritte eine Treppe hinunter.

Auch das Esszimmer sah aus wie jedes andere Esszimmer. Etwas altbacken vielleicht.

„Da ist für vier gedeckt", stellte Pye fest, als sich er und Koko an den Tisch setzten.

„Ja, eigenartig."

Jose war inzwischen an eine der Türen geschlichen und hatte sie vorsichtig geöffnet. Jose öffnete zwei der vier Türen, die ins Esszimmer mündeten. Dann hörten sie, von der Kellertreppe her, Mister Salamander wieder zurückkommen. Rasch setzte sich auch Jose an den Tisch.

„Und?", fragte Koko leise.

„Stellt euch vor, da sind alle ...“, berichtete Jose, brach aber mitten im Satz ab, weil Mister Salamander das Zimmer betrat.

„Leider habe ich nur Orangeade“, entschuldigte er sich fast, „aber ihr müsst wissen, dass ich schon lange keinen Besuch mehr hatte.“

Und dann, während er die Gläser füllte, tat Mister Salamander etwas, was die drei Freunde zutiefst erschreckte. „Hör endlich auf, ich kann es nicht mehr hören.“ Und dann fügte er noch hinzu: „Wir haben schließlich Gäste.“

Pye, Jose und Koko sahen sich um. Niemand war zu sehen. Den dreien stand der Schreck offenbar ins Gesicht geschrieben, denn als Mister Salamander ihre Blicke sah, stieß er einen kurzen Fluch aus. „Per Madre Mia, ich bitte um Verzeihung. Ich spreche manchmal mit mir selbst.“

Als er sah, dass mit dieser Erklärung kein bisschen des misstrauischen Blicks der drei Freunde gewichen war, setzte er sich mit hängenden Kopf zu ihnen an den Tisch. Es verging bestimmt eine oder auch mehrere Minuten, in denen Mister Salamander nichts sagte, bis er dann ganz leise zu erzählen begann: „Früher lebte ich hier mit meiner Frau und unserer kleinen Tochter und ihrem Bruder. Doch seit dem Unfall ...“ Wieder schwieg Mister Salamander, der so, wie er jetzt zerknirscht am Tisch saß, eher dem Señor Humboldt entsprach als dem sich nächtens durch die Gegend schleichenden Mister Salamander. „Doch davon will ich gar nicht erzählen, sondern von der Stimme in meinem Kopf.“ Wieder machte er eine längere Pause. „Wisst ihr, es ist, als würde in meinem Kopf ein zweiter, kleiner Señor Humboldt wohnen und der flüstert mir unentwegt zu, er habe es genau gesehen. Dieser kleine Señor Humboldt flüstert mir dauernd diesen einen Satz zu, unentwegt. Während ich lese, esse, dusche, unentwegt, außer wenn ich durch die Gassen gehe oder durch Gärten schleiche. Dann schweigt er. Deshalb bin ich auch so viel unterwegs.“

„Dann sind Sie einfach ein bisschen verrückt?“, platzte Jose heraus und hätte im gleichen Moment viel gegeben, um die Zeit einen Moment zurückzudrehen.

„Verrückt, ja, das trifft es wohl und Verrückte sind zugleich meist etwas einsam", bestätigte Señor Humboldt ohne jeden Groll in seiner Stimme.

Pye versuchte, von dieser Wendung der Geschichte auf ein anderes Thema hin abzulenken: „Das trifft sich doch", meinte er, „wir möchten Sie zu unserem heurigen Schulabschlussfest einladen. Als unseren Ehrengast!" Pye setzte sein breitestes Lächeln auf.

„Ihr wollt mich also tatsächlich zu eurem Schulfest einladen?", wiederholte Humboldt.

„Ja", bestätigte Pye und sowohl Koko als auch Jose bekräftigten mit heftigem Kopfnicken.

Mister Humboldt schwieg wieder für eine oder einige Minuten, dann goss er den Kindern frische Orangeade in die Gläser nach. „Ihr wollt also gar nicht wissen, was es mit deinem Haus", und dabei blickte er Koko streng in die Augen, „auf sich hat und auch nicht, wie es zu dem doppelten Boden am Dachboden kam?"

Señor Humboldts Augen blitzen streng und glitten von Gesicht zu Gesicht der Freunde. Pyes, Jose und Kokos dachten vermutlich gerade, dass das jetzt der Moment sei, wo sie aufspringen und schreiend aus dem Haus laufen sollten. Woher wusste dieser Salamander, was in ihren Köpfen vorging? Woher wusste er, dass sie in Wahrheit nur dem Geheimnis des doppelten Bodens und der Fotos auf der Spur waren? Oder wusste er von den Fotos vielleicht doch noch gar nichts? Koko ließ sich durch den Blick von Mister Salamander nicht beeindrucken. Im Gegenteil, das schien sie zu ermutigen. „Und wenn's so wäre?", fragte sie, „Wüssten Sie denn etwas über unser," und das Wort betonte sie extra, „Geisterhaus?"

„Und den doppelten Boden am Dachboden", präzisierte Pye.

Jose konnte es gar nicht fassen, was seine Freunde da gerade abzogen. Seine Gedanken kreisten immer noch um aufspringen, rennen und schreien in dieser oder einer anderen Reihenfolge,

Hauptsache weg. Weg von diesem Haus, weg von diesem unheimlichen Mister Salamander.

„Ich mache euch ein Angebot“, Señor Humboldt tippte mit dem Finger in kurzen Abständen auf den Tisch, „aber es gibt zwei Bedingungen.“

Die Freunde sahen sich gegenseitig an. Joses Gesichtsausdruck signalisierte noch immer – bloß weg hier – oder – nie und nimmer – ganz, wie man es nahm. Aber Kokos und Pyes Neugier war natürlich geweckt.

„Die Bedingungen wären?“, fragten Pye und Koko wie aus einem Mund.

„Ihr versprecht mir, niemandem zu erzählen, von wem ihr das über das sogenannte Geisterhaus wisst. Die Leute reden schon so genug über Mister Salamander, wie sie mich heimlich nennen, und die zweite Bedingung ist, dass ihr mich gelegentlich besuchen kommt. Ich glaube, ab und an würde mir etwas Gesellschaft ganz guttun. Vielleicht kennt sich ja der eine oder andere von euch etwas mit dem Garten aus.“ Dabei hielt Señor Humboldt Pye fest im Blick. „Ich glaube, manch Pflanze in meinem Garten würde einen Rück- oder Formschnitt schon ganz gut vertragen.“

Vor langer Zeit

„Früher“, begann Señor Humboldt zu erzählen, „war das Geisterhaus, wie es heute genannt wird, nicht das letzte Haus unten in eurer Straße. Es war überhaupt das einzige Haus in dieser Straße. Und zwischen dem Geisterhaus und dort, wo ihr jetzt wohnt, führte ein schmaler Schotterpfad durch unbewirtschaftete Wiesen und durch ein kleines Wäldchen. Und dort, in diesem kleinen Wäldchen, begann wohl jene Geschichte, durch die das Geisterhaus zu seinem heutigen Namen kam.“ Humboldt hielt inne, schenkte sich selbst auch Limonade ein und trank zwei große Schlucke. „Damals, ich war gerade mit meinen Eltern aus dem Norden hierher gezogen, entstanden hier rund um unseren Hügel viele neue Häuser und schon damals, ich war gerade mal so alt wie ihr, munkelte man von eigenartigen Geschichten in diesem Wäldchen. Im jetzigen Geisterhaus, in deinem Haus,“ er wies auf Koko, „lebte damals eine kleine nette Familie mit zwei Kindern. Ich weiß aber nicht, ob sie hierhin gezogen waren oder schon immer hier lebten. Jedenfalls mussten die Kinder dieser Familie auf ihrem Schulweg jeden Tag diesen Schotterweg entlang und damit an diesem Wäldchen vorbeigehen. Eines Tages, Mann, gab das damals eine Aufregung, jedenfalls musste eines Tages der Junge von den beiden Pipi machen. Er ging dazu an den Rand des Waldes und verschwand. Völlig spurlos.“ Humboldt schnaufte tief und nahm zwei weitere Schluck Limonade. „Die Eltern und der ganze Ort waren außer sich. Auch wir Kinder wurden befragt, ob und was wir gesehen hätten. Ich kann mich noch genau erinnern. Wir hatten nichts gesehen. Die Eltern des Jungen waren verzweifelt und die Schwester des Jungen stammelte immer wieder und wieder etwas von einem hellen Licht. Mehr konnte sie nicht sagen. Zwei Tage war der Junge verschwunden. Der ganze Ort war auf den Beinen, alles wurde abgesucht, die Polizei befragte alle Bewohner und alle Fremden und Durchreisenden.“

„Und dann?“, unterbrach Koko Humboldt.

„Und dann, am dritten Tag, war der Junge einfach wieder da. Er saß am Schotterwegrand, dort, wo er verschwunden war.“ Humboldt schwieg.

„Wo war er, was hat er erzählt?“

Die Freunde waren neugierig. Aber Humboldt zuckte nur mit den Achseln. „Man weiß es nicht. Dem Jungen fehlte nichts, aber er konnte nicht sagen, wo er war oder was er in den zwei Tagen gemacht hatte. Er konnte sich an nichts erinnern, aber es fehlte ihm auch augenscheinlich nichts. Er hatte keinen besonderen Hunger oder Durst. Er wurde oft befragt. Von der Polizei, von Experten, er wurde von Ärzten untersucht, nichts. Dem Jungen war offenbar gar nicht klar, dass er zwei Tage weg war. Als er gefunden wurde, wunderte er sich nämlich, wo seine Schwester sei und dass er in die Schule zur Turnstunde müsse. An dem Tag seines Verschwindens, müsst ihr wissen, hatte er nämlich Turnen auf dem Stundenplan. Anfangs machten sich die Eltern natürlich große Sorgen. Sie schickten den Jungen von Arzt zu Arzt, von Experten zu Experten, aber nichts half. Die zwei Tage blieben ein Geheimnis. Der Bürgermeister entschied daraufhin, den kleinen Wald zu roden, natürlich nicht, bevor nicht jeder Zentimeter des Wäldchens genau abgesucht worden war. Gefunden wurde aber angeblich nichts.“

Dabei betonte er das Wort *angeblich* so, dass Pye und Jose sofort nachfragten.

„Naja, noch bevor der Wald gerodet wurde, kam mitten in der Nacht ein Konvoi mit Militärfahrzeugen. Ich hab sie selbst gesehen, denn sie fuhren hier am Fuß des Hügels vorbei und da waren so schwere Fahrzeuge dabei, dass mein Bett wackelte und zitterte und ich aufwachte und ans Fenster lief. Angeblich“, und wieder betonte Humboldt das Wort besonders, „waren die nur zufällig in unserem Ort vorbeigekommen. Und dann machten sie zufällig am Wäldchen unten Halt, mitten in der Nacht“, wiederholte er sich. „Am nächsten Morgen waren sie weg und man begann mit der Rodung. Die Sträucher und Büsche wurden umgeschnitten und weggefahren. Dabei sollen auch einige ganz schwarz verkohlte Bäume dabei gewesen sein. Aber die Arbeiter von damals waren von außerhalb und die Polizei hatte das Gebiet weiträumig abgesperrt, zur Sicherheit, wie man sagte."

„Und dann?", fragte Pye.

„Nichts und dann, das war's." Humboldt trank den letzten Schluck seiner Limonade aus, als er die fragenden Gesichter der Kinder bemerkte. „Hm" räusperte er sich und sprach fast in einem Flüsterton weiter. „Man munkelte allerhand damals. Einige wollen in der Nacht, als der Junge verschwand, ebenfalls ein Licht gesehen haben." Humboldt beschrieb mit der Hand einen Bogen durch die Luft, als ob er damit zur Landung ansetzen wollte. „Andere erzählten sich, dass in jener Nacht etwas von außerhalb", und wieder deutete er mit der Hand, diesmal Richtung Himmel, „von den Soldaten eingesammelt und an einen geheimen Ort verbracht worden war. Je mehr Zeit verging, desto wilder wurden die Geschichten. Über den einstigen Wald wuchs im wahrsten Sinn des Wortes Gras und irgendwann begann man, bis zum Geisterhaus hinunter lauter neue Häuser zu bauen. Jene, wo ihr wohnt." Humboldt deutete auf Jose und Pye. „Und auch das Wäldchen wuchs wieder nach."

„Sie wissen, wo wir wohnen?"

„Habt ihr etwa vergessen, dass man mich Mister Salamander nennt?"

„Und was wurde aus dem Geisterhaus und dem Jungen?", bohrte Koko nach.

„Tja, der Junge wurde groß und erwachsen. Er hat nie etwas über sein Erlebnis von damals erzählt. Irgendwann später hat er das Geisterhaus sogar gekauft, aber bewohnt hat er es, glaube ich, nie. Er selbst hat dann lange Zeit in einem der neuen Häuser, direkt neben dem Geisterhaus, gewohnt, bis er dann wegging und manchmal, aber ich glaube immer nur für kurze Zeit, hatte er den einen oder anderen Mieter im Geisterhaus untergebracht. Aber richtig lange hat dort bisher keiner gewohnt."

„Wissen Sie denn, wo er hingezogen ist?", erkundigte sich Pye.

Humboldt blickte auf und fuhr mit seiner normalen Stimme fort: „Soweit ich gehört habe, irgendwohin in den Norden. Er soll mit den Geschichten hier herunten gebrochen haben. Ich glaube, ich habe ihn seither nie mehr hier bei uns gesehen."

„Und seine Schwester, er hatte doch eine Schwester?"

Es folgte eine lange Pause, in der Humboldt mit sich zu ringen schien, ob er weitererzählen sollte oder nicht. „Die Schwester ist gestorben", antwortete er dann knapp und die Freunde merkten, dass sie das Ende der Unterhaltung erreicht hatten. Humboldt rückte sorgsam einen der eingedeckten Teller zurecht.

„Lasst mir eure Einladung hier. Vielleicht komme ich wirklich zu eurem Schulabschlussfest, versprechen möchte ich es euch nicht. Aber ihr denkt bitte an eure Versprechen."

Dann geleitete er die drei Freunde nach draußen.

Der Turnunfall

Der Donnerstag begann wie auch sonst jeder Schultag, doch diesmal sollte er ganz anders enden. Zumindest für Pye. Am Morgen waren er und seine Freunde Koko und Jose wie gewohnt in die Schule geradelt. In den ersten Stunden passierte auch nichts Nennenswertes. Jose musste in der Mathematikstunde auf das Einflüstern von Pye hören, um nicht eine allzu schlechte Note zu bekommen. Spätestens in der großen Pause bekamen Koko oder Pye, wie schon öfter, etwas Häme ihrer Mitschüler ab. Kurz drängte sich in der Pause Elenie an die drei, aber nur, um zu hören, ob sie doch noch bei Mister Salamander waren. Die drei Freunde schauten sich kurz an. „Nein, der hat leider nicht aufgemacht." Und sie widmeten sich wieder ihren Pausenbroten.

„Ich sag ja, der ist mehr als eigentümlich. Nicht umsonst hat uns Papa den Umgang mit diesen Nachbarn verboten", meinte Elenie schnippisch.

„Sagtest du mit diesen Nachbarn? Lebt Señor Humboldt nicht allein in der Villa?"

„Señor Humboldt", äffte Elenie Pye nach, „lebt jetzt allein in der Villa. Aber früher lebte er dort mit seiner Frau und seinen Söhnen, aber das ist schon einige Jahre her."

Noch ehe Pye, Koko oder Jose etwas nachfragen konnten, war Elenie mit einem Achselzucken wieder in der Menge der Schulkinder verschwunden.

„Das erklärt die Teller", stellte Koko fest.

„Aber wenn das schon länger her ist, ist das doch eigenartig, findet ihr nicht?"

Pye fiel dabei ein, wie Señor Humboldt den Teller ordentlich gerade gerichtet hatte.

„Er ist verrückt, hat er selbst gesagt. Habt ihr das schon vergessen?", fand Jose die einzig richtige Erklärung.

„Ein Verrückter, der mit sich selbst spricht, nachts um die Häuser schleicht und die Teller seiner Familie seit Jahren in der

Küche aufgestellt hat“, sinnierte Pye. „Da haben wir uns ja einen schönen Ehrengast für das Schulabschlussfest eingehandelt. Und das alles nur, um herauszufinden, was es mit dem Geisterhaus und dem doppelten Boden auf sich hat.“ Pye schüttelte fast unmerklich den Kopf.

„Wozu er uns die verrückte Geschichte aufgetischt hat und auf den doppelten Boden sind wir im Gespräch ja gar nicht gekommen“, ergänzte Koko.

„Dafür sieht es so aus, als hätte unser Mister Salamander …“, begann Jose.

„Nenn ihn nicht so“, wurde er von Koko unterbrochen.

„Also gut, dafür hat Señor Humboldt jetzt wohl einen günstigen Gärtner gefunden.“

Jose rempelte Pye mit dem Arm in die Schulter.

Nach der Pause trennten sich die Kurse der drei Freunde. Koko hatte Geografie, während für Jose und Pye Turnen auf dem Stundenplan stand. Turnen fanden beide super. Pye war ein guter Kletterer und Jose konnte hervorragend mit Bällen jeder Art umgehen. Egal ob Fuß-, Hand-, Volleyball oder auch nur Tischtennis – bei Bällen war Jose in seinem Element. Joses Vater hatte ihm sogar gezeigt, wie man drei und sogar vier Tennisbälle gleichzeitig jonglieren kann. Jose verbrachte Stunden mit Üben. Eines Tages hatte er den Dreh raus. Das gab ein großes Hallo am Schulhof, nicht zuletzt, weil dank Joses Vorführung ein Großteil der Schüler die Glocke, die zum Unterricht rief, schlichtweg ignorierte. Jose musste in Begleitung von Frau Penelope Weissviel dann zum Direktor der Schule. Der lobte zwar Joses Eifer beim Üben, er gratulierte ihm sogar zu seinem Können, nahm ihm aber zugleich den Schwur ab, sein Können – wenn schon in der Schule – nur mehr in den Pausen vorzuzeigen. Die vier Bälle nahm ihm der Direktor auch ab. Die gab ihm Frau Penelope Weissviel nach der letzten Stunde aber wieder zurück.

Niemand hatte so recht gesehen, was eigentlich passiert war. Pye war an das obere Ende der Kletterstangen geklettert. Diese Stangen reichen im Turnsaal bis zur Decke, was ganz schön hoch war. Dann gab es einen kurzen Schrei und Pye lag am Fuße der Stange. Er war zwar auf die Matte darunter gefallen, aber er bewegte sich nicht mehr. Der Turnlehrer rief sogleich den Schularzt, der wiederum die Rettung und so wurde Pye mit der Rettung in das Krankenhaus gebracht. Frau Penelope Weissviel, seine Klassenlehrerin, saß mit ihm im Rettungswagen, als er die Augen wieder öffnete.

„Was ist passiert?“, stammelte Pye, leichenblass im Gesicht.

„Wir wissen nur, dass du von der Kletterstange gefallen bist“, antworte Penelope Weissviel. „Und dass wir auf dem Weg ins Krankenhaus sind. Wie fühlst du dich?“

Pye überlegte, sichtlich verwirrt, auf das Krankenbett im Rettungsauto geschnallt, ob ihm etwas weh tat. „Weh tut mir nichts, wo ist Mama?“

„Wir haben sie angerufen und werden sie im Krankenhaus treffen,“ erwiderte Penelope.

„Warum im Krankenhaus?“, fragte Pye und versuchte sich aufzusetzen, doch sowohl Penelope als auch der Sanitäter, der mit hinten im Rettungsauto saß, drückten ihn wieder sanft nieder.

„Der Schularzt möchte sichergehen, dass deinem Kopf nichts fehlt“, lächelte Penelope. „Immerhin warst du einige Zeit ohnmächtig.“

Anna Maria arbeitete seit einiger Zeit in einer der neuen Firmen am südlichen Ende der großen Ebene. Dort hatten sich in den letzten Jahren Firmen aus der Computerbranche angesiedelt, wodurch viele neue Arbeitsplätze geschaffen worden waren. Bis Anna Maria im Krankenhaus eintraf, war das meiste schon vorüber. Pye war gründlich untersucht worden. Anna Marie verstand gar nicht, warum sie mit den Untersuchungen nicht gewartet hatten. Penelope versicherte, dass die Untersuchungen ja die Schule bezahlt, schließlich war der Unfall ja während der Schulzeit passiert. Das war es aber nicht, was Anna Maria beunruhigte.

„Keine Verletzungen, nicht am Körper, nicht am Kopf. Vielleicht fürchtet er sich in Zukunft vor großen Höhen,“ schmunzelte der Arzt, als er Anna Maria im Vorraum zum Untersuchungszimmer begrüßte.

„Wenn Sie jetzt da sind, dann könnte ich ja wieder zurück an die Schule“, drängte sich Penelope zwischen Arzt und Anna Maria.

„Aber natürlich, haben Sie vielen Dank, dass Sie mit Pye mit gefahren sind.“ Anna Maria drückte Penelopes Hand. Dann rief sie ihr noch nach: „Und sagen Sie dem Direktor, ich werde in den nächsten Tagen vorbeikommen, um zu erfahren, wie das passieren konnte.“

Penelope winkte, schwang sich ihre Tasche über die Schulter und verließ den Raum.

„Also wie gesagt, keine Verletzungen, nicht am Körper, nicht am Kopf“, wiederholte der Arzt seine Diagnose.

Anna Maria seufzte erleichtert. „Dann ist ihm also nichts passiert und alles in Ordnung?“, vergewisserte sie sich.

„Na ja, alles in Ordnung würde ich so nicht sagen.“

Anna Maria, die die Türklinke zum Behandlungsraum schon nach unten gedrückt hatte, ließ sie wieder nach oben gleiten. „Wie meinen Sie das?“

„Na ja“, begann der Arzt kryptisch, „wenn jemand aus der Höhe stürzt, und selbst wenn er auf Matten fällt und sagen wir, dass er dabei noch großes Glück hat, so hätte ich mit meiner Erfahrung Verletzungen einer bestimmten Schwere erwartet.“ Der Arzt hob die Hände, wie man sie vor sich hält, wenn man etwas nicht vermutet hätte oder schlicht nichts weiß. „Wir konnten es nach der Beschreibung der Sanitäter über den Unfallhergang gar nicht glauben, dass da nicht die geringste Spur einer Verletzung war. Und dann die, verzeihen Sie, etwas eigenartige Form des Kopfes.“ Der Arzt wartete offenbar die Reaktion Anna Marias ab. Nachdem diese keinerlei Anzeichen machte, zur Kopfform etwas zu sagen, fuhr er fort: „Na, jedenfalls haben wir etwas mehr als die Standard-Untersuchungen gemacht und dabei entdeckt, dass …“ Jetzt wollte ihm Anna Maria ins Wort fallen, zumindest schnaufte sie laut auf. Es schien ihr aber nichts Passendens einzufallen. Also setzte der Arzt seine Ausführungen jetzt betont sachte fort: „Der Kopf des Jungen scheint außergewöhnlich hart zu sein, der Kopf und auch die Knochen. Eine Spektralmeteranalyse hat ergeben, dass sich im Knochengewebe ihres Jungen Grafit befindet. Wir dachten zuerst an einen Fehler der Messinstrumente. Daher ließ ich eigens aus dem vierten Stock unser Zweitgerät holen.“

„Sie können doch nicht an meinem Jungen ihre Versuche durchführen“, platzte Anna Maria heraus.

Der Arzt hielt Anna Maria beruhigend seine Hand entgegen. „Den zweiten Test habe ich alleine durchgeführt. Ich dachte, es wäre Ihnen wohl recht, wenn sich der erste Test als Messfehler darstellen ließe.“

„Und?“, fragte Anna Maria, halb hoffend, halb bangend.

„Wenn Sie mich als Arzt dieses Krankenhauses fragen, muss ich Ihnen leider sagen, dass die Erstmessung ein Fehler war. Ihr Junge hat einfach Glück gehabt, alles in Ordnung. Wenn Sie mich als Vater fragen“, er wies auf ein am Wandregal aufgestelltes Bild zweier auf einer Schaukel sitzender Mädchen“, dann würde ich sagen, Pye hat den härtesten Knochenbau, der mir in der Schulmedizin je unterkommen ist. Verschwinden Sie besser rasch aus dem Krankenhaus, bevor ihn ein anderer Mediziner zu fassen bekommt.“

Und der Arzt drückte ihr den großen, weißen Umschlag mit den Spektralmeteranalysen in die Hand.

„Danke“, verabschiedete sich Anna Maria, drückte die Klinke wieder nach unten und ging zu Pye in das Behandlungszimmer.

„Was ist mit meinen Knochen?“, wollte Pye wissen, noch ehe Anna Maria ihre Umarmung gelöst hatte.

„Hat da jemand gelauscht?“, fragte sie, „Alles in Ordnung, mein Schatz. Du hast gute Knochen. Wir sollen nur zusehen, dass wir rasch aus dem Krankenhaus kommen damit die nicht noch mehr Versuche mit dir anstellen, hat der Arzt empfohlen."

Niemals krank

Auf der Heimfahrt vom Krankenhaus schwiegen sich Pye und Anna Maria an. Auf dem Beifahrersitz lag das Kuvert mit den Spektralmeteranalysen. Pye saß hinten. Immer wieder mal trafen sich ihre Blicke im Rückspiegel, aber keiner von beiden brach das Schweigen.

Pye war sich sicher in dem, was er gehört hatte. Der Arzt hatte davon gesprochen, dass sich in seinen Knochen etwas besonders Hartes befand. Er nannte es Grafit. Das sagte Pye zwar nichts, aber das würde er schon herausbekommen. Wieder trafen sich ihre Blicke im Rückspiegel. Auch Pye hatte gemerkt, dass Anna Maria beinahe mehr Angst vor weiteren Untersuchungen im Krankenhaus hatte als er selbst. Warum nur? Ahnte sie, dass sie bei weiteren Untersuchungen weitere Abnormitäten finden würden? Pye versuchte, sich zurückzuerinnern. Er konnte sich nicht erinnern, jemals krank gewesen zu sein. Seine Freunde in der Schule und im Kindergarten hatten alles Mögliche. Mal husteten sie, dann lief die Nase oder ihnen war übel. Einmal, erst heuer im Frühjahr, hatte fast die ganze Klasse diesen roten Ausschlag gehabt, nur an Pye und Elenie zog dieses Virus vorüber. Er war noch nie krank, stellte er fest.

„War ich schon einmal krank?“, rutschte es Pye heraus und seine Worte durchbrachen jäh das Schweigen. Anna Maria lenkte den Wagen an den Straßenrand, um anzuhalten. „Wie meinst du das mit krank?“

„Krank eben, Husten, Schnupfen und so. Ich kann mich nicht erinnern“, wiederholte Pye die Frage.

„Du warst bestimmt schon krank, aber in der letzten Zeit hattest du eben Glück“, erwiderte Anna Maria. Aber Pye erkannte am Ton ihrer Stimme, dass das nicht ganz aufrichtig war.

„WillstdDu dich nach vorn zu mir setzen?“, fragte Anna Maria.

Pye kletterte zwischen den Sitzen nach vorn, schob das Kuvert mit Attests nach hinten durch.

„Angurten“, sagte Anna Maria streng. „Wir wollen doch, dass es so bleibt mit deinem Glück.“

Dann setzte sie die Fahrt nach Hause fort. Auf Pyes Terrasse warteten schon Koko und Jose. Sie hatten wohl nicht damit gerechnet, dass Pye so schnell aus dem Krankenhaus entlassen werden würde. Eigentlich hatten sie auf Anna Maria gewartet, um zu hören, wie es Pye ging. Ihm ging es wieder prächtig. Er stieg vom Beifahrersitz, um Koko und Jose von seinem Unfall und dem Besuch im Krankenhaus zu erzählen. Er erzählte bis ins kleinste Detail von seinem Sturz, der Fahrt im Rettungswagen mit Penelope Weissviel bis hin zu den Untersuchungen im Krankenhaus. Das Ergebnis der beiden Spektralmeteranalysen verschwieg er jedoch und Anna Maria fand das ganz gut so.

Als Pye an jenem Abend im Bett lag, war er sich mehr denn je sicher, dass etwas nicht stimmte. Es hatte mit ihm, mit Anna Maria zu tun und hing wohl auch irgendwie mit Kokos Haus, dem Geisterhaus, zusammen und vielleicht auch mit der merkwürdigen Geschichte, die ihnen Señor Humboldt erzählt hatte. Er war sich ganz sicher, er war noch nie krank gewesen. Pye schlich sich im Finsteren heimlich aus seinem Bett zu dem großen Spiegel auf seinem Kleiderkasten und betrachtete sich. Er sah im Mondlicht deutlich, dass zumindest sein Kopf etwas anders geformt war als die der anderen Kinder. Er sah Anna Maria ihm aus dem Spiegel entgegenblicken, aber er sah und spürte auch noch etwas anderes, das da war. Als er unten Anna Maria in der Küche werken hörte, schlich er eilends wieder in sein Bett zurück. Die Lösung seines Rätsels musste bei seinem Vater liegen. Ihn galt es ausfindig zu machen und wie er in die ganze Geschichte mit Kokos Haus, dem Verschwinden des Jungen und so weiter passte. Über diesen Gedanken war Pye eingeschlafen. Und seine Träume führten ihn weit, weit weg.

Pläne schmieden

Zu Hause auf Pyes Terrasse, Anna Maria war noch schnell in den Supermarkt gefahren, überlegten die drei Freunde, was Humboldt ihnen erzählt hatte.

„Ich werde wohl Opa doch fragen müssen, von wem wir das Haus gemietet haben“, meinte Koko.

„Du glaubst, ihr habt das Haus von dem Mann gemietet, der als Junge verschwunden war?“

„Möglich wär‘s“, erwiderte Koko.

„Der müsste jetzt so alt wie Señor Humboldt sein, 60 oder vielleicht 70 oder so.“

Koko hatte den Vermieter noch nie gesehen, Opa hatte das Haus schon gemietet und hergerichtet, kurz bevor sie hergezogen waren.

„Und vor allem“, warf Pye ein, „sagt uns das noch gar nichts über den doppelten Boden auf dem Speicher. Ich glaube, Señor Humboldt hat uns längst nicht alles gesagt, was er weiß. Er verheimlicht uns bestimmt noch etwas.“

„Bestimmt“, unterbrach ihn Jose. „Habt ihr nicht gesehen, wie die anderen Zimmer im Haus aussahen? Auf allen Möbeln waren weiße Tücher ausgebreitet. Fast so wie in einem Museum, wo man die Sachen vor Staub schützen will, oder bei einer Ausstellung kurz vor der Eröffnung.“

Das hatten weder Koko noch Pye gesehen. Wie auch, schließlich war Jose der Einzige gewesen, der heimlich in andere Räume geschielt hatte.

„Na, ihr drei, große Pläne?“ Pyes Mutter Anna Maria war vom Einkauf zurück. Sie stellte zwei große Packpapiertüten auf der Terrasse ab. Die frei schwiegen, wie wenn sie bei einer Dummheit erwischt worden wären. Pyes Mutter begriff rasch, dass, wenn es denn schon große Pläne waren, die Kinder diese nicht mit ihr teilen wollten.

„Na schön ihr drei, noch eine halbe Stunde, Pye, dann geht es ab ins Bett.“

„Ja, Miss Anna Maria“, versicherten Koko und Jose. Sie vergewisserten sich, dass die Terrassentür hinter Anna Maria und ihren Einkaufstüten auch wirklich wieder ins Schloss gefallen war.

Eine halbe Stunde später waren Koko und Jose auf dem Nachhauseweg. Die Freunde hatten ausgemacht, nichts zu unternehmen, bis ihnen ein geeigneter Weg einfallen würde. Koko hatte versprochen, ihren Opa vorerst einmal nicht zu fragen, von wem sie das Haus gemietet hatten, und Jose hatte noch einmal versichert, kein Wort über ihr Treffen mit Señor Humboldt zu verlieren.

„Na, was treibt ihr so?“, wollte Anna Maria von Pye wissen, dem das Abendessen nicht so richtig zu schmecken schien. Und das lag nicht am fehlenden Hunger. Pye wich mit seiner Antwort aus: „Was machen eigentlich Elenis Eltern?“

„Die Eleni aus deiner Klasse?“

„Ja.“ Pye schob eine große Gabel Speckbohnen in den Mund.

„Ich glaube, ihr Vater ist bei der Regierung. Ein wichtiger Beamter oder sogar ein hoher Militär. Ich kenne Elenis Mutter nur flüchtig aus der Schule und den gelegentlichen Elternabenden. So richtig viel hatten wir eigentlich nie zu plaudern“.

„Wohnen die schon lange hier?“, hakte Pye nach.

„Elenies Mama wohnte schon hier, als ich noch zur Schule ging. Aber für Elenis Mama war immer schon klar, dass sie eines Tages auf die andere Seite des Ortes, hinüber zu den großen Villen ziehen würde. Ihre Familie hatte früher einmal viel Geld und besaß in der Gegend viele Ländereien. Elenies Großvater hat aber einen Großteil davon durchgebracht.“

Anna Maria deutete mit einer Geste an, dass Elenies Opa wohl etwas viel trank.

„Als er dann starb, war vom einstigen Besitz der Familie nicht mehr viel übrig. Elenies Familie musste ihre Villa verlassen und zog auf unsere Seite der Stadt. Aber nur vorübergehend, wie Elenies Mama stets betonte.“

Pye nickte und nippte am Saft. „Und jetzt wohnen sie wieder drüben am Hügel, stimmt‘s?“

„Ja. Elenies Papa bekam die Finanzen wohl in den Griff", zuckte Anna Maria mit den Schultern. Sie machte aber nicht den Eindruck, als würde sie Anna Maria darum beneiden.

„Los, komm jetzt, ab ins Bett."

Im Bett dachte Pye die ganze Geschichte, die ihnen Señor Humboldt erzählt hatte, noch einmal durch. Und zwar rückwärts. Das hatte ihm sein Opa so beigebracht. Immer wenn Pye bei Opa im Norden zu Besuch war, sagte er, wenn es etwas zu verstehen gab, was auf den ersten Blick kompliziert aussah, solle er versuchen die Geschichte rückwärts zu durchdenken. Da würden sich viele Dinge ganz anders zeigen. Der verschwundene Junge zieht weg. Die Wiese wird Stück um Stück verbaut. Fremde Arbeiter roden das Wäldchen. In der Nacht kommen schwere Militärtransporter vorbei und halten am Wald unten. Ärzte und Experten untersuchen den Jungen, der sich an nichts erinnern kann. Der Junge taucht wieder auf. Die Polizei befragt alle Anwohner, auch den Bruder, der den Jungen begleitet hat. Manche wollen in jener Nacht ein Licht gesehen haben. Alle helfen bei der Suche mit. Der Junge geht pinkeln und verschwindet. Es ist ein Tag wie jeder andere auch und die Geschwister sind auf ihrem Weg in die Schule.

Pye setzte sich unvermittelt im Bett auf. Was war eigentlich mit dem Bruder des Jungen geschehen? Señor Humboldt hatte sie kurz erwähnt und wenn der verschwundene Junge auch weggezogen war, wer sagt denn, dass Señor Humboldt nicht sogar wusste, wohin? Wer sagt überhaupt, dass jener Tag ein normaler Tag war? Vielleicht war irgendetwas an dem Tag besonders?

Pye streckte sich wieder im Bett aus. Er spürte, dass die Geschichte etwas Eigenartiges hatte, und er spürte auch instinktiv, dass seine Mutter da irgendwie mit drin hing. Aber er konnte sich noch keinen Reim darauf machen, wie die Fäden zusammenhingen. Eines war jedenfalls für ihn klar. Je sicherer er sich war, dass Anna Maria in die Geschichte verwickelt war, desto wichtiger schien es ihm, sie von seinen Nachforschungen im Ungewissen zu lassen. Über diesen Gedanken schlief Pye ein. In dieser Nacht träumte er wirre Dinge. Einmal schreckte er in der Nacht sogar hoch. Er hatte geträumt, in einem brennenden Wald eingeschlossen zu sein, schlief aber gleich wieder ein.

Der Schwur

Eine Woche war seit Pyes Unfall vergangen. Sein Leben lief wieder in geregelten Bahnen. Das Rätsel um das Geisterhaus und den doppelten Boden im Dachboden mit den alten Fotos von Mama und Opa galt es aber nach wie vor zu lösen. Während der letzten Woche hatte sich Pye auch über Grafit schlaugemacht. Grafit war ein in besonders dünnen Schichten verwendetes, besonders starkes und vor allem neues Material. Stärker als Stahl und laut Señor Megaloandros, ihrem Physiklehrer, hatte es noch eine Reihe anderer verblüffender Eigenschaften. Irgendwann in der vergangenen Woche hatte auch der Arzt aus dem Krankenhaus bei Anna Maria angerufen. Er erkundigte sich, wie es Pye ging, und wohl auch ein wenig, wie es Anna Maria ging.

Pye fand es an der Zeit, der Fährte Mister Humbolds weiter zu folgen. Wer war der Eigentümer des Geisterhauses? Wo war der Bruder des verschwundenen Jungen und wo oder besser wer war der Junge?

Die Freunde trafen sich wie gewohnt auf Pyes Terrasse. Koko hatte versucht, bei sich zu Hause Unterlagen über die Anmietung ihres Hauses zu finden, aber Opa hatte die Papiere wohl in den alten Büroschrank in seinem Arbeitszimmer gesperrt, sodass sie da nicht ran kam. Joses Aufgabe war es gewesen, bloß nichts über ihren Besuch bei Señor Humboldt zu verraten.

„Ich fürchte, wenn wir ohne Aufsehen in der Sache weiterkommen wollen“, folgerte Pye, „müssen wir das tun, was wir versprochen haben.“

Koko und Jose ahnten, was Pye meinte.

„Wir sollen nochmal zu diesem Verrückten hinaus, ihn besuchen und ihm auch noch im Garten helfen?“, fasste Jose Pyes Gedanken in Worte.

„Ohne mich“, beschied Koko.

„Aber nur so kommen wir mit Mister Humboldt wieder ins Gespräch. Er weiß ganz bestimmt noch weit mehr, als er uns beim ersten Mal erzählt hat“, versuchte Pye, seine Freunde zu überzeugen.

„Wie wir dich kennen, hast du die Gartenschere vermutlich schon bei der Hand“, scherzte Koko. Da zog Pye unter dem Kissen auf seinem Sessel Anna Marias Gartenschere hervor und schnappte damit zweimal in der Luft. Koko musste kichern und Jose verdrehte die Augen.

„Weiß Anna Maria, dass wir die Schere geborgt haben?“, fragte Jose.

„Ich hab Mama gefragt, ob sie die Schere einem Nachbarn borgen würde. Ich denke, sie glaubt, dein Vater hat mich danach gefragt.“

„Einem Nachbarn?“, wiederholte Koko zwischen ihrem Kichern.

„Señor Humboldt ist ja auch irgendwie ein Nachbar. So groß ist unser Ort ja nicht.“

Da hatte Pye natürlich nicht ganz unrecht. Zwar kannte man nicht jeden Bewohner ihres Ortes persönlich, aber so vom Sehen beim Einkaufen, in der Schule, den örtlichen Festivitäten kannte man sich zumindest so gut, dass ein neues Gesicht rasch auffiel. Ebenso rasch, wie ein neues Gesicht auffiel, konnten Geschichten durch den Ort wandern. Freilich veränderten sich die Geschichten, während sie den Ort durchliefen. So konnte es schon passieren, dass man zuerst von jemandem hörte, der eine ganz schlimme Krankheit hatte, und wenn die Geschichte auf dem Weg der Mundpropaganda durch den Ort gelaufen war, war dieser jemand ganz plötzlich an dieser ominösen Krankheit verstorben. Dabei war dieser jemand längst wieder gesund und natürlich war er auch nicht verstorben. So eine Krankheit hatte auch einmal der Pfarrer des Ortes. Nur dass sich später herausstellte, dass er mit einer durchreisenden Touristin, der er die Beichten abgenommen hatte, mitgegangen war und seitdem mit ihr zusammen lebte und weiter im Westen ein Lokal mit dem Namen „Gottes Einkehr“ unterhielt.

„Wann sollen wir ihn besuchen?“, drängte Pye seine Freunde weiter und machte zwei weitere Schnitte mit Anna Marias Gartenschere in die Luft. „Wie wär‘s mit morgen während der Freistunden. Ich hab drei Stunden Luft zwischen Mathematik und Physik, das ergibt mit An- und Abfahrt fast zwei Stunden Gartenarbeit.“

„Ich weiß nicht“, zögerte Koko.

„Geht nicht“, konterte Jose, „wir fahren morgen in dieser Zeit runter ins Einkaufcenter. Ich brauche neue Sportschuhe für die Schule.“

Pyes Blick heftete sich an Koko. Koko wand sich ein zweimal und ließ sich dann zu einem ja hinreißen. „Ok, nach der vierten Stunde. Wir treffen uns aber außerhalb des Schulhofes, am besten in der Seitengasse, die zum Hügel hinter führt.“

„Koko, du bist die Beste“, entfuhr es Pye und er meinte es sichtlich auch so.

„Und für dich gilt weiterhin – kein Wort an irgendjemanden“, beschwor Pye Jose, der sich jetzt, da Koko und Pye allen Señor Humboldt noch einmal besuchen wollten, etwas außen vor fühlte.

„Aber ihr verheimlicht mir hinterher nichts, Ehrenwort?“

„Ehrenwort.“

„Ehrenwort bei meinem kleinen Finger!“, schwor auch Koko.

Der zweite Besuch

Diesmal empfing Señor Humboldt Pye und Koko auf Höhe der halben Anfahrt.

„Buenos Dias, Senior Humbold.“

„Guten Morgen, Pye“, erwiderte Humboldt und nickte auch Koko freundlich zu. „Ich hätte nicht gedacht, dass ihr nach alledem so bald schon zu mir kommt.“ Er ging ein paar Schritte auf sie zu. „Wie geht es deinem Kopf, Pye?“, wollte er wissen.

„Woher wissen Sie denn, was passiert ist?“, wunderte sich Pye.

Koko flüsterte ganz leise zu Pye: „Hast du schon vergessen, er ist Mister Salamander.“

„Nein nein“, lachte Señor Humboldt auf, der anscheinend gehört hatte, was Koko flüsterte. „Aber ich habe einen guten Freund und der ist Arzt im Krankenhaus und der hat mir die Geschichte von dem Unfall erzählt“, gab er sich amüsiert über Kokos Vermutung. „Nun kommt, wollt ihr etwas trinken? Ich sehe, ihr habt Werkzeug mitgebracht.“ Humboldt deutete auf Anna Marias Schere in Pyes Händen.

„Nur eine Gartenschere“, wiegelte Koko ab.

„Na, an Werkzeug soll‘s nicht fehlen, kommt mal mit.“

Señor Humboldt führte die beiden den Kiesweg hinauf, an der Eingangstüre des Hauses vorbei bis zu einem großen Garagentor unmittelbar neben dem Haus. Mit leisem Surren schwang das Tor auf, bis es oben einrastete. In der Mitte der Garage stand ein großer Wagen. Pye und Koko konnten die Marke nicht erkennen und auch nicht die Farbe, denn ein beiges Tuch bedeckte den Wagen bis fast um Boden. Pye vermutete einen Van oder einen der Pick-ups mit zweiter Sitzreihe. Rechts vom Wagen fügte sich ein Regal an die Garagenwand, vollgestopft mit allerlei Gerätschaften, und links hingen, fein säuberlich aufgereiht an Wandhaken, allerlei Gartengeräte.

„Bedient euch, aber schlagt bitte nicht am Wagen an. Und es wäre mir lieb, wenn ihr die ganz großen Scheren und Hacken besser nicht nutzen würdet. Ich gehe inzwischen und bringe ein kleines Picknick, vor allem aber Saft, ganz viel Saft. Wieder Orangeade?“

Pye und Koko nickten.

„Sollen wir wirklich?“, fragte Koko Pye.

„Wenn ich mir den Garten so ansehe, werden wir nur mit unserer Gartenschere nicht so viel ausrichten können.“, erwiderte Pye und trat vorsichtig in die Garage ein, um die Werkzeuge zu mustern. Einige von den Werkzeugen schienen Pye fast unbenutzt, das erklärte auch den Zustand des Gartens.

„Am besten wird sein, wir schneiden mal weg, was uns zu viel vorkommt“, beschloss Pye. Er griff nach einer zweiten Gartenschere für Koko.

Als Señor Humboldt mit dem Saft und einem kleinen Korb und einer Gartendecke zurückkam, waren Koko und Pye schon an der Arbeit. Sie hatten begonnen, die am stärksten wuchernden Äste entlang der Auffahrt zu trimmen und das Schnittgut auf einen Haufen gleich hinter den Gartentoren zusammengetragen. Mit jedem Schnitt gewann die Auffahrt mehr Breite, Licht und Eleganz. Humboldt breitete die Decke auf der anderen Seite, der die Auffahrt säumenden Sträucher im Schatten einer großen Tamariske aus.

„Ihr scheint mir ja richtig begabt“, motivierte er Koko und Pye, streifte sich Arbeitshandschuhe über und machte sich daran, das Schnittgut der Kinder auf deren begonnen Haufen zu tragen.

„Wohnen Sie denn ganz allein hier in diesem riesigen Haus?“, stellte sich Koko unwissend. Señor Humboldt schien ihre Frage gar nicht gehört zu haben. Koko warf Pye einen fragenden Blick zu.

„Seit ein paar Jahren schon“, antwortete Humboldt plötzlich, ohne sich dabei vom Einsammeln der abgeschnittenen Äste abhalten zu lassen. Pye beeilte sich, auch ausreichend Schnittgut zu produzieren. „Früher lebte ich hier mit meiner Frau und meinen Söhnen. Aber meine Frau und einer der Jungs sind jetzt leider fort. Sie liegen drüben auf dem Friedhof hinter der Kirche.“

Humboldt sagte das in einem Tonfall, als würden sie dort auf Urlaub weilen, in einem schmucken Hotel, und er nur darauf warten, dass der Urlaub zu Ende sei und sie zurückkehrten.

„Das tut uns leid", beeilte sich Koko zu sagen.

Humboldt winkte ab. „Schon gut, ist schon eine Zeitlang her." Er griff die nächsten Äste und zog sie bis zu dem Haufen runter.

„Was der wohl unter einer Zeitlang versteht?", wunderte sich Koko leise. „Wo er doch noch den Tisch für die deckt."

Pye zuckte die Achseln und fand, das sei Humbolds Sache. Verrückte sind eben verrückt. Was ihn mehr beschäftigte,m war, dass er nicht recht wusste, wie er Humboldt noch einmal auf das Geisterhaus und die Geschichte vom letzten Besuch bringen konnte.

„Wären die bloß nicht noch mal zurückgekehrt", murrte Humboldt weiter, offenbar in Gedanken noch bei seiner Familie. Er deutete nach oben Richtung Himmel. „Dann wäre alles noch wie früher", fügte er seufzend hinzu. Dann fiel ihm anscheinend ein, dass er ja nicht allein war und wandte sich den Kindern zu:

„Saftpause?"

Das ließen sich Pye und Koko nicht zweimal sagen. Die linke Heckenreihe entlang der Auffahrt war schon akkurat zurückgeschnitten, zumindest eine Art Rohschnitt würde Anna Maria befinden, jetzt war wirklich der beste Zeitpunkt für eine Saftpause. Pye spürte, dass das Ableben Humbolds Familie sich irgendwie mit den Ereignissen rund um den verschwundenen Jungen verkettete. Wenn die verrückte Geschichte von Señor Humboldt stimmte, nahm er an, dass Außerirdische seinerzeit den Jungen irgendwie entführten, und ihn dann, zwei Tage später, wieder freiließen und dass sie später nochmal zurückkehrten. Dabei kam dann seine Familie ums Leben. Koko schien den gleichen Gedanken gehabt zu haben.

„Mister Humbold, darf ich fragen, was mit Ihrer Familie passiert ist?"

Wieder war es, als ob die Frage erst zu Señor Humboldt vordringen müsste. Er stellte die Gläser auf eine einigermaßen ebene Stelle auf der der Picknickdecke und goss die Orangeade ein.

„Ein Autounfall.“ Fast hätte er das Glas überfüllt. „Sie waren auf dem Weg, mich draußen vor dem Ort abzuholen. Ich konnte die Lichter unseres Autos schon die Straße entlang kommen sehen, aber dann war da“, er stockte, „eine Art Blitz und dieses riesige Dings mitten auf der Straße. Ich schwöre, das war von außerhalb. Meine Frau muss das Auto verrissen haben, um diesem Dings auszuweichen und ist dabei von der Straße abgekommen. Der Wagen überschlug sich mehrfach. Die Insassen, wie es im Polizeibericht hieß, hatten keine Chance. Ich hab den Wagen gesehen, und auch das Feld ringsum. Es war alles ganz schwarz und rußig, wie nach einem großen Feuer, aber der Wagen hatte nicht gebrannt. Das hätte ich gesehen. Aber davon stand nichts im Unfallbericht. Da stand nur, die Lenkerin hätte den Wagen plötzlich verrissen und die Insassen hätte keine Chance gehabt. Aber ich hab es gesehen. Ich habe das auch der Polizei gesagt, aber die meinten nur, ich stehe unter Schock und später hat das ganze tragische Schicksal wohl meinen Verstand beeinträchtigt.“

Kekse und Saft

„Wollt ihr auch Kekse?“

Humboldt schlug das Tuch über der Hand zurück und zum Vorschein kam eine Handvoll Kekse.

„Das waren die Lieblingskekse meiner Tochter“, meinte er. „Das Rezept ist von meiner Frau, bitte nehmt euch ruhig.“

Koko griff zu und die Kekse schmeckten wirklich hervorragend. „Haben Sie die selbst gebacken?“, erkundigte sich Koko erstaunt.

„Wie gesagt, nach einem Rezept von meiner Frau.“ Dabei wurde Humboldt vom Vibrieren seines Handys unterbrochen. „Wir bekommen Besuch“.

Humboldt blickte von seinem Handy auf und drückte den Knopf der kleinen Fernbedienung, die er mit sich trug. Daraufhin summte der Motor im Gartentor leise und die eine Hälfte des Tores schwang langsam auf. „Wir sind hier drüben, hinter den Büschen im Garten!“, rief Señor Humboldt dem noch unsichtbaren Gast zu.

„Na, da hat ja wer ganze Arbeit geleistet!“, hörten Pye und Koko den Gast ihren Rückschnitt loben. Dann bog ein Mann mittleren Alters um die Büsche und ging auf sie zu. Pye kannte den Mann.

„Wieder fit?“, lachte der Mann Pye an und wandte sich dann an Koko. „Und die Dame ist wohl die vorlaute Freundin von dir, Pye, von der mir Enrique erzählt hat?“

Der Mann war Pyes Arzt im Krankenhaus gewesen. Er streckte Pye seine Hand hin. „Mein Name ist Rodriguez, aber nennt mich einfach Roger, das machen alle meine Freunde so.“

„Koko, mich nennen meine Freunde Koko“, stellte Koko klar und ergriff Rogers Hand.

„Also alles wieder in Ordnung mit dir?“, wiederholte Roger die Frage nochmal an Pye gerichtet.

„Ja, alles wieder bestens. Sie waren der nette Arzt neulich im Krankenhaus, der uns dann angerufen hat, ob es mir wieder gut geht?“, fragte Pye.

„Schlaues Bürschchen“, lächelte Roger und fuhr Pye durch die Haare. „Wie ich sehe, habt ihr gute Arbeit geleistet und auch begonnen den Garten dieses Eigenbrötlers zu kultivieren.“ Dabei zwinkerte er Humboldt zu.

„Wie meinen Sie das?“ Koko hatte den Zwinker natürlich bemerkt.

„Ich meine, dass der Garten etwas Pflege gebrauchen kann und dieser kauzige, alte Señor hier dringend etwas Umgang. Es gehört sich für einen erwachsenen Mann doch nicht, nächtelang durch die Gassen und Gärten zu schleichen und Phantomen nachzujagen, findet ihr nicht auch?“

„Nein, das gehört sich wirklich nicht“, manifestierte Koko trocken.

„Und Sie sind Humbolds Freund?“ Pyes Neugierde war erwacht.

„Vorsicht, was du antwortest“, warf Humboldt ein. „Ich kann dich hören.“ Er schob sich einen Keks in den Mund.

Roger kniete sich zu den dreien auf die Decke. „Ja, ich denke, das bin ich auch. Und zwar schon eine ganze Weile. Schenkt ihr mir auch ein Glas ein?“

„Gerne. Die Kekse sind ganz lecker, die hat Señor Humboldt selbst gebacken.“ Koko nahm die Orangeade und füllte damit Rogers Glas, das er ihr hinhielt.

„Nach einem Rezept von seiner Frau Eleonore, würde ich wetten, oder?“

Roger nahm sich gerne einen Keks. Humboldt nickte nur. Der Name Eleonore ging durch Pyes Kopf. Den Namen kannte er, wenn auch aus einem ganz anderen Zusammenhang. Die Schwester seines Opas, also seine Großtante, hatte Eleonore geheißen, aber die hatte er nie kennengelernt.

Roger zerbiss den Keks. „Aber ich habe die Kekse etwas weniger trocken in Erinnerung“, wandte er sich Humboldt zu. Der zuckte entschuldigend die Schultern. „Aber immerhin, es ist ein guter Schritt, dass du die Kekse gebacken hast."

Pye stand auf. „Ich glaube jetzt werden wir die andere Seite stutzen!" Er gab Koko einen sanften Rempler, um ihr zu zeigen, dass sie ihm folgen sollte. Humboldt blieb mit Roger auf der Decke zurück.

„Meine Großtante hieß auch Eleonore", informierte Pye Koko über seine Erinnerung.

„Das ist sicher nur ein Zufall, hier heißen doch alle irgendwie Eleonore, Elenie, Jose, Sebastian und so ...", konterte Koko.

„Mag sein." Pye quetschte einen dicken Ast in die Gartenschere.

„Dieser Roger ist ein netter Arzt", bemerkte Koko.

„Meine Mama findet das auch", stimmte Pye ihr zu, ohne dabei seine Aufmerksamkeit von den Ästen weg zu lenken. „Roger hat uns geholfen."

„Ja, ich weiß, er hat dich im Krankenhaus behandelt."

„Nein, das auch, aber ich meine, er hat uns auch geholfen, dort wieder ohne Aufsehen herauszukommen."

Koko schaute verwundert. „Das verstehe ich jetzt nicht."

„Roger hat mit meinem Kopf eine Spektralirgendwas gemacht. Das Ergebnis war anscheinend sehr eigenartig. Jedenfalls haben sie dabei etwas in meinem Kopf gefunden, was da nicht hingehört."

Jetzt schaute Koko mit großen Augen Pye an.

„Deshalb hat mir auch der Sturz nichts getan. Jedenfalls hat Roger eine zweite Messung veranlasst. Die hat das gleiche Ergebnis erbracht, aber er hat es so dargestellt, als sei die erste Messung fehlerhaft gewesen, damit mein Kopf doch ganz normal und in Ordnung scheint."

„Ja, und?", wunderte sich Koko.

„Die zweite Messung hat anscheinend das gleiche ergeben wie die erste Messung. Mein Kopf ist irgendwie härter als üblich und wenn die anderen Ärzte im Krankenhaus das mitbekommen hätten, hätten sie mich zu weiteren Untersuchungen dort behalten. Aber Roger hat meiner Mutter die Befunde mitgegeben und uns nach Hause geschickt."

„Na, ist doch prima", verstand Koko das Problem nicht.

„Prima oder nicht prima ..." Pye setzte die Schere ab. „Dass uns Roger nach Hause gehen ließ, ist prima, dass mit meinen Knochen etwas nicht stimmt, ist aber weniger prima. Ich bin anders – und das habe ich jetzt schwarz auf weiß."

Koko musterte Pye. „Na das du anders bist, dafür hätte es keine Untersuchung gebraucht. Du bist anders, ich bin anders, das ist halt so."

„Ich meine anders anders", sagte Pye kryptisch, legte die Schere ab und stapfte zur Garage hoch. Er wusste auch so schon, dass er etwas anders aussah als die anderen Kinder, geradewegs so, wie Koko eben rabenschwarz war und auch etwas anders aussah als die dunkelhäutigen Mitschülerinnen und -schüler. Aber jetzt wusste Pye, dass sein Anderssein sich nicht nur auf die Kopfform bezog, sondern dass er innen drin auch etwas anders war als alle seine Mitschüler.

Wieder in der Schule

Das Schneiden der Sträucher auf der zweiten Seite der Auffahrt benötigte die restliche Zeit, die Koko und Pye zwischen ihren Schulkursen erübrigen konnten. Also verabschiedeten sie sich von Humbold. Roger hatte sich mit ihnen verabschiedet und den beiden außerhalb von Humboldt nach einmal besonders gedankt. Er hatte so etwas gesagt wie, das sei Balsam auf Humbolds Wunden. und war dann Richtung Krankenhaus davon geeilt. Koko und Pye dachten, er meinte wohl, es würde Humboldt etwas weniger verrückt machen, wenn sie ihn gelegentlich besuchten. Das war wohl die Art, wie ein Arzt das sagen würde.

Jose passte Koko und Pye beim Schuleingang ab. Er war schon ganz neugierig, was die beiden zu berichten hätten.

„Die Einfahrt ist jetzt sauber zurückgeschnitten, wenn du das meinst", erklärte Pye.

Jose verdrehte die Augen. „Das meine ich natürlich nicht. Was gibt es Neues vom Geisterhaus? Von der Geschichte mit dem Jungen und überhaupt, was hat Humboldt erzählt?"

Pye und Koko musterten sich gegenseitig. Sie mussten Jose eingestehen, dass sie weder über das Geisterhaus noch über die Geschichte mit dem Jungen ein Wort verloren hatten. Dafür hatten sie, und das fand Jose mindestens so spannend, die Geschichte zu Humbolds Frau Eleonore und seinem Sohn in Erfahrung gebracht. Jose staunte nicht schlecht, was sich Humboldt da rund um den Unfall zusammengedacht hatte.

„Denkt er wirklich, dass Außerirdische diesen Unfall verursacht haben?", wollte er wissen.

„Er nannte es nicht Außerirdische, er sagte nur *die*, so, als wäre klar, von wem er redet. Aber im Grunde meinte er damit Außerirdische. Hier schließt sich für ihn auch der Kreis mit dem verschwundenen Jungen", ergänzte Pye.

„Eleonore, so hieß seine Frau", warf Koko dazwischen ein. „Eleonore, genau wie die Großtante oder Großoma von Pye."

Dafür erntete sie einen bissigen Blick von Pye.

„Reiner Zufall,“ beschwichtigte der sofort, „hier heißen doch alle irgendwie so.“

„Kann sein“, erwiderte Jose, dessen Kommentar von der Schulglocke abgeschnitten wurde.

Die Schulkurse vergingen gähnend langsam. Nicht weil sie so unspannend gewesen wären, sondern weil Pye, Koko und Jose das Gefühl hatten, dringend weitere Nachforschungen rund um Señor Humbolds Erzählungen anstellen zu müssen.

„Ihr wart wieder bei Señor Humbold, stimmt‘s?“ Elenie war unmittelbar nach der letzten Stunde auf Pye zugesteuert.

„Nö“, widersprach Jose wahrheitsgemäß.

„Du nicht, aber Koko und dein Freund“, gab Elenie schnippisch zurück. Ich habe euch dort gesehen. Von unserem Haus aus kann man nämlich einen Teil der Einfahrt einsehen. Ihr wart ja mächtig fleißig.“

„Señor Humboldt hatte uns gebeten“, erklärte Koko und fügte ebenso schnippisch an: „Weil er gesehen hat, dass wir das gut können.“

„Ja, auf seinen nächtlichen Schleichtouren durch den Ort. Wisst ihr, dass er manchmal kleinen Kindern auflauert?“

Elenie versuchte, einen möglichst furchterregenden Gesichtsausdruck aufzusetzen.

„Was willst du eigentlich?“, fragte Pye.

„Ich will mitmachen bei euch, ihr besucht Humboldt doch nicht ohne Grund, oder?“

Pye, Koko und Jose waren irritiert. Ausgerechnet Elenie wollte mit ihnen dreien, den andersartigen der Schule, etwas gemeinsam machen? Elenie hatte sie nie im geringsten Zweifel darüber gelassen, dass sie sich für etwas besseres hielt. Oder umgekehrt, dass sie weder für Pye noch für Jose, geschweige denn für Koko etwas übrig hatte. Koko war es dann auch, die Elenies schnippische Art nur zu gut kannte und nicht sonderlich auf Elenies Gesellschaft scharf war.

„Wozu das denn?“, raunte sie.

„Na, ich könnte euch helfen."

„Wobei denn?", fragte Koko in einem ähnlichen Ton, den sonst Elenie an den Tag legte.

„Ich weiß zwar nicht, was ihr sucht, aber vielleicht ist ganz nützlich für euch, einen Teil der Dinge zu sehen, die Señor Humboldt jahrelang in seiner Garage hortete." Elenie plusterte sich geheimnisvoll auf.

„Welche Dinge denn?", interessierte sich Jose.

„Señor Humboldt hat nach dem Unfall seiner Familie ganz viele Dinge rund um den Unfall und auch über das angebliche Verschwinden des kleinen Jungen vor vielen Jahren in seiner Garage gesammelt. Dort, wo jetzt sein abgedecktes Auto steht, das ihr sicher schon gesehen habt."

Ja, das hatten Pye und Koko – und Elenie hatte offenbar gesehen, dass sie in dieser Garage gewesen waren.

„Wie auch immer. Señor Humboldt sammelte in seiner Garage ganz viele Dinge und die Leute fingen an, darüber zu reden, dass er von diesen Dingen wohl nur noch verrückter würde. Also bot sich mein Vater an, ihm einen Lastwagen zu leihen und das ganze Zeugs wegzufahren."

„Und was soll uns das helfen?", schnappte Koko.

„Anfangs weigerte sich Señor Humboldt natürlich, die Dinge wegfahren zu lassen. Aber nach einer Weile, die Leute redeten schon ganz schön viel von seiner Verrücktheit und ich glaube, man drohte ihm sogar ihm sein Haus wegnehmen zu lassen, willigte er in das Angebot meines Vaters an. Sie räumten zwei ganze Tage all die Sachen aus der Garage auf den Lastwagen, um zur Abfallverwertung zu fahren", gab sich Elenie informiert.

„Na dann ist das Zeug jetzt ja alles weg", schnappte Koko ein drittes Mal.

Diesmal aber senkte Elenie ihre Stimme zu einem dunklen, gefahrvollen, verschwörerischem Flüstern: „Aber mein Vater hat nicht alles weggeworfen. Er suchte ganz viele Dinge aus dem Lastwagen fein säuberlich heraus und brachte sie in sein

Arbeitszimmer, ehe er den Rest auf die Müllkippe gefahren hat. Eigenartig, nicht wahr?“

„Und Señor Humboldt weiß, dass einige seiner Sachen in deines Vaters Arbeitszimmer gelandet sind?“, erkundigte sich Pye.

„Natürlich nicht“, entrüstete sich Elenie. „Und mein Vater weiß auch nicht, dass ich das weiß. Das ist sozusagen mein Einstandsgeheimnis für euch.“

Pye, Jose und Koko überlegten. Unter den Dingen Señor Humbolds konnten wirklich aufschlussreiche Sachen sein. Zudem war es wohl mehr als eigenartig, dass sich Elenies Vater so an der Geschichte von Señor Humboldt interessierte, wo er doch verrückt war. Die einzige Erklärung, die den dreien dazu einfiel, war, dass Señor Humboldt längst nicht in dem Ausmaß verrückt war, wie das die Menschen im Ort zu glauben schienen. Und Elenies Vater am allerwenigsten. Denn warum hätte er sonst so ein Interesse an Señor Humbolds Dingen gehabt? Um herauszufinden, welche Dinge Elenies Vater aufbewahrt hatte und um der Sache auf den Grund zu gehen, gab es nur eines: Elenie musste in ihre Suche eingeweiht werden. Nur so konnten sie an Elenies Vaters Sachen herankommen. Nur so erhofften sie sich mehr Einzelheiten über die vergangenen Ereignisse und das Geisterhaus.

Neue Erkenntnisse

Die nächsten Tage schwenkte das Wetter wieder sprunghaft zu heftigem Regen um. Der ganze Wochenanfang war von starkem Regen und heftigem Wind gezeichnet. Bereits am Montag hatte sich die Straße hinunter zu Kokos Haus wieder in eine Schlammrutsche verwandelt. Montag und Dienstag bot sich keine Gelegenheit, um den neuen Plan der drei Freunde Pye Koko und Jose in die Tat umzusetzen. Erst am Mittwoch wurde das Wetter besser und sie konnten sich wie vereinbart bei Koko treffen. Diesmal aber um den Garten auf eigene Faust unter die Lupe zu nehmen. Kokos Opa war für zwei Tage verreist, Kokos Oma kümmerte es nicht, wenn die Kinder im Garten spielten und Pyes Mutter hatte ihm widerwillig aber doch das Versprechen abgenommen, er müsse höchste Vorsicht walten lassen und sie dürfen weder auf Dinge hinauf- noch in Dinge hineinkriechen. Zu gefährlich waren die im Garten verstreuten Sachen. Pye schwor seiner Mutter, das zu beherzigen. Doch natürlich waren die Dinge in Kokos Garten sehr verlockend.

Gegen Mittag hatten sich die ersten Sonnenstrahlen gezeigt und jetzt, am frühen Nachmittag, gleich nach Ende der Schule, hatte die starke Sonne den Schlamm der Straße schon wieder aufgetrocknet. Selbst unter dem Blätterdach in Kokos Privaturwald rund ums Haus fand sich kaum mehr Nässe. Die drei standen am Zuweg zum Haus und überlegten, von wo aus sie wohl am besten in den Dschungel eindringen konnten. Koko führte sie auf einem schmalen Pfad unmittelbar an der Hauswand entlang einmal rund ums Haus. Den Pfad hatte Opa ausgetreten, als er das Haus außen färbelte. Aber vom Weg aus konnte man zwar diverse Dinge erkennen oder besser erahnen, für eine genaue Untersuchung mussten sie wohl oder übel in das Gebüsch kriechen.

„Hier kommen wir durch!“ Jose hatte einen Platz gefunden, wo das Buschwerk etwas weniger dicht wuchs. Vermutlich war hier früher ein Weg gewesen, der in den Garten führte. Koko und

Pye folgten ihm, geduckt und mitunter auch fluchend, wenn sich Äste in den Arm oder ins Gesicht ritzten.

„Ein alter Jeep“, frohlockte Jose, als er die überwachsenen Umrisse eines alten Militärjeeps ausmachte. Pye, der die Gartenschere mitgebracht hatte, machte sich unmittelbar daran, den Jeep vom Gebüsch zu befreien. Leider befand sich unter dem Gestrüpp auch eine fingerdicke Brombeerranke mit ordentlichen Dornen, sodass es eine ganze Weile dauerte, bis die drei das Fahrzeug einigermaßen freigelegt hatten.

„Ein Jeep, na toll“, verstand Koko die Fantasie der Jungs nicht, „Das hilft uns doch nicht weiter.“

„Vielleicht doch“, antwortete Jose, kletterte auf den Beifahrersitz und öffnete das Handschuhfach.

„Ihhh“, entfuhr es ihm und er zuckte mit der Hand zurück, als er die Spinnenfamilie im Handschuhfach erblickte. „Habt ihr mal einen Stock oder so?“

„Hier.“ Pye reichte ihm einen Stecken, mit dem Jose begann, die Spinnen aus dem Handschuhfach zu bugsieren. Ganz vorsichtig überzeugte er sich dann, ob nicht zwischen den Dingen im Fach weitere Spinnentiere lauerten.

„Buhh“, scherzte Koko und Jose zog erschrocken die Hand zurück. „Schöne Abenteurer“, stichelte sie.

Jose kramte im Handschuhfach. Er fand vergilbtes Papier, eine alte Karte, eine große Taschenlampe, aus der rostbraune Flüssigkeit tropfte. „Vermutlich eine alte Batterie“, murmelte er. Er fand einen Schraubendreher und etwas, was vermutlich einmal ein Fotoapparat gewesen war, umschlossen von einer braunen Lederhülle, die offenbar von irgendwelchem Getier angeknabbert worden war.

„Kinder, wo seid ihr, ich hätte frische Muffins für euch!“

„Großmutter ...“, stöhnte Koko. „Aber wenn wir nicht kommen, wird sie misstrauisch.

„Und was ist damit?“ Jose hielt den Fotoapparat hoch.

„Den nehmen wir mit, aber versteck ihn vor der Veranda. Ich will nicht, dass Großmutter ihn sieht.“

„Ob der noch funktioniert?“, gab sich Pye skeptisch.

„Das müssen wir herausfinden. Mein Onkel kennt sich mit alten Dingen aus, er hat so eine Art Second-Hand-Geschäft.“

Jose nahm den Apparat und hielt ihn auf seinen Rücken.

„Eine Art Second Hand?“

Koko wusste natürlich, was Second Hand war, aber in Joses Tonfall lag etwas Ungewöhnliches.

„Er verkauft Dinge, die Leute verkaufen möchten oder gefunden haben oder die gefunden werden sollten, weil manche sie kaufen möchten“, fügte Jose kleinlaut hinzu. „Aber nicht alles. Das meiste sind ganz normale, gebrauchte Sachen, die deren Eigentümer verkaufen wollen“, versicherte er.

„Und er kennt sich mit Fotoapparaten aus?“, wollte Pye Joses Onkel auf den Zahn fühlen. Aber der wich aus, faselte etwas von Geräten jeder Art und war froh, dass Großmutter schon in der Verandatür stand und sie hereinbat. In einem günstigen Moment schob Jose den Fotoapparat unter den Stufenansatz zur Verandatür und legte zur Sicherheit noch einen flachen Stein davor, sodass der Fotoapparat nicht zufällig entdeckt werden konnte. Vielleicht, so dachte er bei sich, war es doch keine gute Idee, den Apparat seinem Onkel zu bringen. Wer weiß, wenn das Gerät wertvoll war, würde sein Onkel es wohl eher verkaufen, als ihnen zu helfen.

„Setzt euch doch.“

Kokos Großmutter schob jedem von ihnen einen Stuhl zurecht und servierte die Muffins.

„Na habt ihr da draußen etwas entdeckt?“

Pye, Jose und Koko zuckten nur die Achseln.

„Einen alten Jeep“, erzählte Koko.

„Ja, den kann man vom ersten Stock aus auch sehen. Ich hätte euren Großvater längst bitten sollen, das alte Zeug rund ums Haus endlich wegzubringen.“

„Aber?“, schnitt Jose Großmutter das Wort ab.

„Unser Vermieter hat uns eigens ausrichten lassen und uns auch nur unter dieser Bedingung als Mieter genommen, dass wir den Garten unberührt lassen müssen. Ganz so, als hätte er dort alte Leichen versteckt, wenn ihr versteht, was ich meine."

Die verdutzen Gesichter der Kinder ließen Großmutter weiterreden: „Nicht, was ihr denkt, keine echten Leichen. Aber man sagt das so, wenn hier Dinge rumliegen, die hier gar nicht sein dürften."

„Wie zum Beispiel?", bohrte Koko nach.

„Jeeps, weil deren Benzintank irgendwann rostet und das Benzin und Öl in den Boden sichert und das Wasser schlecht macht", gab sich Pye klug.

„Genau so etwas", bestätigte Großmutter, „oder Dinge, die gar nicht dem Hauseigentümer gehören, die er aber nicht zurückgeben will oder von denen er auch gar nicht weiß, wem sie eigentlich gehören."

Das verstand Koko. Jose fühlte sich, wiewohl völlig zu Unrecht, irgendwie ertappt und musste an seinen Onkel denken.

Pye dachte zuerst lange über Großmutters Worte nach und sagte dann: „Auch Dinge, die niemandem gehören, weil sie gar niemand verloren hat und die lange gesucht wurden, weil manche sie ganz gerne hätten, die aber nie gefunden wurden?"

Großmutter stutzte: „Ja, wohl auch solche Dinge. Doch Dinge, die niemandem gehören, gibt es auf Herrgotts Erden nicht."

Elenies Geburtstag

„Willkommen bei uns“, flötete Elenies Mutter am Gartentor und übersah dabei geflissentlich, wen Elenie da zu ihrer Geburtstagsfeier eingeladen hatte. Weder Pye noch Jose noch Koko waren je zuvor zu Elenies Geburtstagsfeiern eingeladen worden. Aber diesmal war es anders. Elenies Mutter führte sie durch den Garten, vorbei an einem großen, blitzblank geputzten Pool, scharfen Rasenkanten und üppig blühenden Rosenstöcken.

„Da haben wir bei Señor Humboldt ja noch ganz schön viel Arbeit vor uns“, flüsterte Koko.

„Wie bitte?“, wandte sich Elenies Mutter im Gehen um.

„Koko sagte, Sie haben einen sehr schön gepflegten Garten.“

„Ja nicht wahr, haben wir selbst geplant“, pfaute Elenis Mutter.

„Da seid ihr ja.“ Elenie kam dem Vierergespann entgegen und erlöste die drei von ihrer Mutter.

„Ihr habt es wirklich schön hier“, wiederholte Koko, diesmal in einem bewundernden Ton.

„Ja“, erwiderte Elenie, „und ratet, wer uns hier früher im Garten geholfen hat.“ Und sie nickte mit dem Kopf zum Nachbarhaus hin: „Humbold.“

Die drei Freunde waren perplex. Humbolds eigener Garten war seit Jahren nicht gepflegt worden, überall wucherten wilde Sträucher und sich selbst aussäende Unkräuter.

„Humbold?“, vergewisserte sich Jose ungläubig über das eben gehörte.

„Ja, Humbold. Mein Vater meinte, er könnte etwas finanzielle Unterstützung gut gebrauchen.“

Elenies Vater schien ihnen immer merkwürdiger.

„Was arbeitet dein Vater?“, fragte Pye

„Der ist beim Militär, aber er redet kaum über seine Arbeit. Kommt, wir haben leckere Würste auf dem Grill.“

Elenie zog Pye, Koko und Jose in den hinteren Teil des Gartens, wo sich auch die anderen Geburtstagsgäste auf eigens aufgestellten Gartensesseln niedergelassen hatten.

„Elenie …“

„Ja, Pye?“

„Es ist uns irgendwie peinlich, aber wir wussten nicht, was man in … äh …“ Er räusperte sich. „… was bei euch so üblich ist, in Bezug auf das Geburtstagsgeschenk.“ Er zog ein kleines Päckchen aus der Knietasche und reichte es Elenie. „Ist von uns allen Dreien, alles Gute.“

„Danke.“ Zum ersten Mal huschte ein echtes Strahlen über Elenies Gesicht. Zugleich nahm sie das Päckchen und schob es unter ihr Kleid.

„Geschenke sind bei uns unüblich, aber das erzähl ich euch später – und nochmals danke.“ Dann ließ sie Pye, Jose und Koko inmitten der anderen Gäste kurzerhand allein stehen. Für eine Kindergeburtstagsparty schienen reichlich weinig Kinder hier zu sein. Eigentlich nur zwei, die die drei Freunde aus der Schule kannten, mit denen sie aber fast zu gut wie keine Gemeinsamkeiten hatten. Das andere waren lauter alte Leute. Tanten, Onkel, Omas, Opas und so etwas, vermutete Koko.

„Hallo Leute, ich bin Onkel Jasper“, tönte ein stämmiger Mann hinter dem Grill. „Darf ich euch etwas anbieten? Wir haben leckere Würstchen, greift nur zu. Hier links liegen die Teller, hier vorne gibt es frisches Gebäck dazu.“

Jasper wendete mit der Grillzange geschickt die brutzelnden Würstchen. Jasper grillte oft, vermutete Jose, zum einen, weil er sich so geschickt anstellte, zum anderen, weil er als Ganzes Leidenschaft für gutes Essen ausstrahlte.

„Bitte sehr“, hob Jasper Jose ein Würstchen auf den Teller.

„Danke.“

„Getränke findet ihr an der Rückseite des Gartenhauses.“ Elenie war zurück. „Dort haben wir einen Kühlschrank mit Limonade und so Zeugs aufgestellt. Bedient euch ruhig. Bei Gelegenheit werde ich euch meinem Vater vorstellen. Ich nehme an, dass er bald nach Hause kommt. Meine Mutter habt ihr ja schon kennengelernt.“

„Dein Vater arbeitet auch am Sonntag?,“ fragte Pye.

„Mein Vater arbeitet immer.“, erwiderte Elenie und sollte dabei gar nicht ahnen, wie recht sie mit dieser Behauptung hatte.

Von Elenies Garten konnte man tatsächlich einen Teil von Señor Humbolds Garten einsehen. Der obere Teil der Einfahrt, der Eingang, das halbe Garagentor und auch einen Teil des etwas weiter hinten liegenden Gartens. Vom Haus oben war die Einsicht sicher noch besser. Daher wusste Elenie so genau über ihre Besuche bei Señor Humboldt Bescheid. Heute schien Señor Humboldt nicht zu Hause zu sein, zumindest regte sich auf dem Nachbargrundstück nichts.

Die Würstchen schmeckten wirklich lecker. Als Elenies Vater kam, dachten sie, er sei einer ihrer Onkel oder anderer Verwandten. Elenie stellte Pye, Koko und Jose ihrem Vater vor. Elenies Vater sah ganz anders aus, als sich die drei Freunde das vorgestellt hatten. Er hatte weder einen dunklen Schnauzbart noch streng kurz geschnittene Haare. Im Gegenteil. Er war glatt rasiert, trug eine Jeans und ein lockeres weißes Leinenhemd. Die Haare standen ihm leicht struppig vom Kopf und vor allem, er hatte nichts Mexikanisches an sich. Seine Augen leuchteten Blau und seine Haare waren blond. Von ihm hatte Elenie wohl auch ihre blonden Haare geerbt. Er gab sich ganz locker, fast jugendlich und man konnte sich ich nur schwer in einer Funktion beim Militär vorstellen.

„Und was machen Sie beim Militär?“ Wie immer nahm Koko kein Blatt vor dem Mund.

„Ihr meint, weil ich keinen dunkeln Bart trage und keine hohen Stiefel?“ Elenies Vater lachte. „Ich bin Forensiker. Ihr wisst, was das ist?“

Die drei schüttelten den Kopf.

„Forensiker versuchen herauszufinden, wie bestimmte Ergebnisse zu Stande gekommen sein könnten. Wir versuchen die Ursachen für allerlei Tatsachen zu finden“, versuchte Elenies Vater, der im Übrigen Chavrez hieß, seine Arbeit zu umschreiben.

„Das bedeutet?“, hakte Koko nach.

„Wie im Fernsehen“, warf Jose dazwischen. „Da gibt es Forscher, die versuchen, anhand von Fingerabdrücken festzustellen, wer zum Beispiel in eine Wohnung eingebrochen ist.“

„Ja aber es geht auch weniger kriminell“, lachte Chavrez erneut und wandte sich seiner Tochter zu. „Und wie läuft deine Geburtstagsfeier?“

Forensiker, wiederholte Pye in Gedanken, der mit dem Wort etwas verband, es aber nicht benennen konnte.

„Glaubt ihr, es sind auch für mich noch ein paar Würstchen über?“, wandte sich Chavrez wieder an die drei Freunde.

„Bestimmt“, nickten Koko und Jose synchron während Pye noch dem Wort Forensiker nachsann und Chavrez‘ Frage überhört hatte.

„Lasst uns nachschauen gehen“, ermutigte Chavrez seine Tochter, Koko, Jose und Pye zurück an den Griller zu gehen. Er fasste Elenie an der Hand und zog sie sanft Richtung Onkel Jaspers Grillreich.

„Wen bringst du denn da mit?“, scherzte Jasper in Bezug auf Chavrez Gefolge. „Fünf mal Würstchen, würde ich sagen?“

Jasper begann mit der Grillzange ein Würstchen nach dem anderen auf je eine leeren Teller zu legen. Dazu gab es reichlich Ketchup und getoastetes Fladenbrot.

Zu Hause bei Elenie

Endlich ließ Elenies Vater Chavrez von ihnen ab und wandte sich den anderen Gästen zu.

„Ist doch ganz nett, dein Vater“, meinte Pye und biss in das letzte Stück des Würstchens, das Jasper ihm aufgeladen hatte.

„Ja, ja“, raunte Elenie und verdrehte die Augen nach oben.

„Wollten wir nicht etwas herausfinden?“, mahnte Koko.

Tatsächlich war es Elenies Idee gewesen, ihre Geburtstagsparty zu nutzen, um die drei Freunde zu sich einzuladen und zugleich sicherzugehen, dass sowohl ihre Mutter als auch ihr Vater abgelenkt waren. Die Gäste und deren Betreuung schien Elenie die perfekte Gelegenheit, um unbemerkt Vaters Arbeitszimmer zu durchstöbern. Ihre Mutter stand mit einigen Tanten zusammen und diskutierte. Elenie hätte wetten können, sie besprachen irgendeinen neuen Modeschnickschnack und ob der jetzt vorteilhaft wäre oder nicht. Zumindest wogte die Diskussion, unterbrochen von schrillen Aufschreien, auf und ab. Elenies Vater hatte sich mit Elenies Großeltern auf die rückwärtige Gartenbank zurückgezogen.

„Los jetzt.“ Eleni schnappte den verblüfften Pye an der Hand und mit Koko und Jose im Schlepptau enterten sie Elenies Haus. So wie schon außen der Garten tipptopp war, so war auch im Inneren des Hauses alles gepflegt. Nicht, dass es bei Pye, Jose oder Koko nicht auch ordentlich zu Hause gewesen wäre, aber bei Elenie wirkte das Interieur wie für eine Ausstellung arrangiert. Sie betraten das Wohnzimmer über die große Terrasse. Sie gingen durch zwei hohe Flügeltüren, die von einem ausladenden Balkon beschattet wurden. Im Wohnzimmer war es kühl und roch nach Zedernholz. Das rührte von der rückwärtigen Wand, die zur Gänze mit Zedernholz vertäfelt war.

Elenie bemerkte Joses Verwunderung. „Mein Vater liebt den Geruch von frischem Zedernholz, daher besprüht meine Mutter jede Woche die Wand mit Zedernduft“, zuckte sie die Achseln.

Auf dem Boden breitete sich ein großer, dünner Teppich aus, der fast das ganze Parkett abdeckte. Links befand sich ein offener Kamin, der so blitzblank aussah, dass darin schwerlich jemals eingeheizt worden war, und rechts lud eine große mokkafarbene Ledergarnitur ein, sich hinzusetzen. Die drei folgten Eleni durch das Zimmer in den Eingangsbereich. Hier schwang sich rechts eine Treppe in den oberen Stock.

„Dort oben liegt mein Zimmer", erklärte Elenie, links führte ein Gang zu weiteren Zimmern. Küche, Abstellraum und so weiter, vermutete Pye.

„Wir müssen rauf in den ersten Stock", lenkte Elenie die drei Freunde auf die Treppe. Oben an die Treppe schloss sich ein langer Gang an, von dem unzählige Türen abgingen.

„Wartet hier", beschied Elenie und verschwand in der zweiten Türe links. Die drei Freunde vernahmen einen leisen Rumpler und das sanfte Quietschen eines Scharniers. Dann war Elenie zurück, ohne ein Wort darüber zu verlieren, was sie gerade getan hatte.

„Hier ist es", posierte sie stolz vor der dritten Türe nach links: „Meines Vaters Arbeitszimmer."

Elenie machte eine Art höfischen Knicks, als ob es gelte, die Freunde bei einer Ballveranstaltung zum Tanze zu fordern. Sachte öffnete sie die Tür.

Das Arbeitszimmer war vollgestellt mit Eisenregalen, die, vermutlich um das Parkett nicht zu zerstören, auf dicken Filzunterlagen standen. In der Mitte zum Fenster hin zog sich ein langer, weißer Schreibtisch, darauf türmten sich Papiere und zwei große Computermonitore..

„Stark, nicht?"

Elenie präsentierte den Dreien Chavrez' Arbeitszimmer, das so gar nicht mitten in dieses wohnliche Haus passte. Es erinnerte eher an eine Asservatenkammer. In den Regalen stapelten sich unzählige, auf den ersten Blick gar nicht erfassbare Dinge.

„Auch wie in einem Museum", murmelte Koko. „Aber wie im Kellerlager."

Koko, Jose und Pye schlichen jeder für sich die Regale entlang. Wonach suchten sie? Was konnte ihnen nützlich sein? Sie sahen Papierstapel alter Zeitungsausschnitte, Teile von Gerätschaften, deren Verwendung oder Nutzen ihnen gänzlich unbekannt waren. Aber alles hatte seine Ordnung. Jedes Teil war entweder direkt mit einer Ordnungsnummer beklebt oder in eine Klarsichttasche verpackt und darauf nummeriert. Auf den Regalböden wiederholte sich die Nummer, sodass jedes Teil seinen Platz hatte.

„Die Regale sind nach Jahren geordnet", stellte Pye fest, als er ganz oben an jeder Regalspalte eine Jahreszahl ausmachte.

„Wisst ihr denn, nach welchem Jahr ihr sucht?", fragte Elenie.

Pye, Jose und Koko sahen sich betreten an. Obwohl Elenie hier zu Hause war, konnte sie ihnen jetzt keine große Hilfe sein. Sie war zwar schon öfter in dem Arbeitszimmer gewesen, aber Chavrez sah es nicht gern, wenn Elenie sich hier aufhielt, auch wenn er es nie ausdrücklich verboten hatte. So beschränkte sich Elenies Wissen rund um die Regale auf das Augenscheinliche.

„Ich glaube, Señor Humbolds Sachen sind hier drüben", deutete Elenie auf zwei Regalreihen, deren Träger eine leicht andere Farbe hatten.

„Diese Regale wurden neu aufgestellt, als Humbolds Garage entrümpelt wurde."

Pye, Koko und Jose sichteten die Dinge in den von Elenie bezeichneten Regalen. Tatsächlich. Pye fand als erster in einem Stapel aus Zeitungsausschnitten einen Bericht aus dem Jahre 1957: Vermisster Junge wieder aufgetaucht. Laut dem Bericht war der Junge damals sieben Jahre alt gewesen und war am Rande ihres Ortes verschwunden. Das musste es sein. Pye überflog den Bericht. Der Familienname des Jungen fehlte, aber sie nannten ihn Estevio. Pye war gleichermaßen enttäuscht und froh. Sein Großvater hieß Balsac Fornaggio, nach den italienischen Einwanderern, die angeblich als Köche auf einem Schiff nach Mexiko kamen. Seit er in Amerika lebte, nannte er sich Balseppe Fornaggio, was Anna Maria deutlich missfiel, aber

Pyes Großvater fand das so schön italienisch. Anna Maria bezeichnete das als Alterssentimentalität ihres Vaters.

„Und?“ Koko stand plötzlich unmittelbar neben Pye. Pye erwähnte nichts von seinen Gedanken über seinen Großvater. „Wir haben einen Namen des Jungen, er hieß Estevio. Zumindest in diesem Punkt scheint Señor Humbolds Geschichte zu stimmen. Damals verschwand wirklich kurzzeitig ein Junge.“ Er hielt Koko und Jose den Zeitungsausschnitt hin.

„Da muss noch mehr sein“, wollte Jose gerade in das Regal greifen, als Elenie dazwischen rief: „Mein Vater ist weg, ich kann ihn unten nicht mehr sehen, schnell.“

Sie öffnete die Balkontür und schob die drei vor sich her auf den Balkon. Keine Sekunde zu früh, denn kaum waren sie am Balkon draußen, hörten sie hinter sich die Tür zum Arbeitszimmer aufgehen. Elenie schob die drei weiter vor sich her, bedeutete, leise zu sein, und zwängte sie in die nächste offene Balkontür wieder hinein.

„Pfuh, das war knapp.“

„Seid ihr hier drinnen?“ Die Tür zu Elenies Zimmer öffnete sich und Chavrez schaute herein.

„Ich wollte meinen Freunden nur rasch mein Zimmer zeigen“, reagierte Elenie geistesgegenwärtig.

„Aber bitte nicht zu lange, wir wollen ja deine Torte gemeinsam anschneiden.“ Chavrezs Kopf entschwand wieder auf den Flur hinaus.

In Onkel Rodriguez‘ Laden

Die Gegend, in der sich Onkel Joses Geschäft befand, war nun wirklich nicht berühmt für ihren guten Ruf. Vielmehr mieden die Bewohner ihres Ortes die Gegend. Dafür zogen diese Straßenzüge umso mehr Besucher aus den umliegenden Städten an. Speziell abends und am Wochenende ging es hier hoch her. Einige Clubs mischten sich mit diversen zwielichtigen Lokalen und eben solchen Geschäften wie es Joes Onkel betrieb. Umso mehr staunte Joses Onkel, als Joe, Pye, Koko und Elenie plötzlich in seinen Laden kamen. Die Glasfront zur Straße hin war mit Gittern verschlagen, das Glas selbst mit einer dicken Staubschicht überzogen, sodass kaum Licht herein geschweige denn sich ein Blick eines Passanten herein verirrt hätte. Im Laden selbst verströmte eine nackte Neonröhre kaltes, grelles Licht. Ohne Joes Fürsprache wären weder Koko noch Pye je in die Gegend gefahren oder in diesen Laden gegangen. Hinter der aus Vitrinen gestapelten Verkaufstheke stand ein groß gewachsener, sehr korpulenter Mann mit langen Haaren und Schnurrbart. Dazu trug er eine Art glänzendes Jackett.

Pye konnte sich kein Bild machen, was in dem Laden überhaupt zum Verkauf stand. Es türmten sich Gerätschaften verschiedenster Art, dazwischen Getränkekisten, ein schmales Regal mit Chipspackungen und ein paar gut verschlossene Panzervitrinen, hinter deren milchigem Glas Pye Gewehre zu erkennen glaubte.

„Zorro persönlich“, flüsterte Koko und Pye musste schmunzeln. Der Bart und die Haare des Mannes hinter der Theke erinnerten doch tatsächlich an das Abbild des mexikanischen Helden. Nur, dass dieser Zorro einige Pfund mehr wog.

„Jose, was um alles in der Welt treibt dich hier her?“ Zorro hatte sich überraschend behände um die Theke gewuchtet und die Arme zu Joses Empfang nach vorn gerissen.

„Onkel“, erwiderte Jose und wurde schon von den mächtigen Armen Zorros umschlossen und angehoben.

„Solltest du dich nicht von dieser Gegend fernhalten? Was wird deine Mutter wohl sagen?"

Es folgte ein kurzer Moment Stille, dann setzte Zorro Jose wieder ab. „Ah verstehe." Zorro blickte spitzbübisch. „Deine Mutter wird nichts von deinem Besuch erfahren, meine Lippen sind versiegelt. Wer sind denn deine Begleiter?", richtete sich Zorros Aufmerksamkeit plötzlich auf Pye, Koko und Elenie.

„Das sind meine Freunde Pye, Koko und Elenie", erklärte Jose. „Pye, Koko, Elenie das ist mein Onkel Rodriguez."

„Das schwarze Schaf in der Familie!", rief Onkel Rodriguez parallel mit seinem spitzbübischen Lachen, das zugleich einen Silberzahn links unten entblößte. Pye und Koko waren hin und her gerissen, ob Rodriguez nun ein netter Mann sei oder doch, passend zur Erscheinung, jemand, den man besser nicht verärgern möchte. Elenie stand etwas abseits von den beiden, hatte die Hände in die Taschen versenkt und dachte nach. Sie kannte diesen Mann. Je mehr sie nachdachte, desto klarer wurde ihre Erinnerung. Jasper, ihr Onkel hatte mit ihm zu tun gehabt. Sie wusste im Moment nicht, wie und warum, aber eine Erscheinung wie Zorro vergisst man nicht. Dass Jasper und Rodriguez sich offenbar kannten, beunruhigte Elenie, konnte doch so ihre Mutter oder Chavrez erfahren, dass sie hier draußen gewesen waren.

„Was führt euch denn nun zu mir?", polterte Zorro und ging quasi geschäftsmäßig hinter sein Verkaufpult zurück. „Wollt ihr etwas kaufen, etwas verkaufen oder etwas bestellen?"

Das, und man hörte es an der Art, wie er es sagte, war wohl Zorros Standardsatz, mit dem jeder Kunde begrüßt und in die Möglichkeiten seines Ladens eingeführt wurde.

„Weder noch", erwiderte Jose. „Wir haben etwas gefunden, das wir nicht nutzen können Wir fragen uns, ob du uns weiterhelfen kannst."

„Ah, dann wollt ihr also eine Dienstleistung kaufen?", polterte Zorro zurück.

„Ja und nein, also, ja, das wird wohl eine Dienstleistung sein, aber Jose meinte, bezahlen würden wir wohl nichts müssen, da sie ja sein Onkel sind“, stellte Pye klar.

Zorros Antwort polterte nun in Richtung Pye. „Ja, wovon soll ich denn leben, wenn hier jeder käme und nur etwas borgen, leihen oder gar geschenkt möchte?“

Wieder hörten sich die Phrasen so an, als ob sie Teil von Zorros sonst üblicher Verkaufsgespräche waren. Zorro zupfte sich das Glanzjackett gerade, zupfte etwas an seinem Schnurrbart und setzte nach: „Aber für Jose, meinen Neffen“, und es war jegliches Poltern aus der Stimme gewichen, die Stimme jetzt sogar leise und gedämpft, „für meine Familie ist das natürlich etwas anderes.“

„Samanther“, wandte sich Zorro um. Er rief polternd nach hinten in offenbar weitere Räume. „Übernimm du hier.“ Dann schnellte Zorros Kopf zurück zu den Kindern. „Folgt mir, hier um den Tresen herum nach hinten.“

Während die Kinder um die Verkaufspult gingen, schlängelte sich zwischen den Vorhangbahnen, die die Tür zu den hinteren Räumen verdeckte, ein langes, gertenschlankes, Mädchen mit abgetragenen, schloddrigem und nietenbewehrtem Gewand hindurch. Sie schien Zorros Laden zu betreuen. In der Wange trug sie ein Piercing, die Haare hingen ungekämmt in mehreren verblassten Farben schillernd in einem Mittelscheitel bis zur Schulter.

Der Raum hinter der Tür entpuppte sich als ebenso charmant wie zuvor der Verkaufsbereich. Regale voller Geräte, durchsetzt mit leeren oder halbvollen Kisten. An der rechten Wand stand eine reichlich vergilbte Couch mit zwei nicht dazu passenden Sesseln und vier übereinander getürmten Warenpaletten als improvisierter Tisch. Gegenüber an der Wand lief ein Flatscreen, in den seitlich zwei Monitorbilder, offensichtlich Überwachungskameras des Ladens, eingeblendet waren. Eine Kühlvitrine und ein Kaffeeautomat rundeten das wohnliche Ambiente ab.

„Setzt euch.“

Zorro ließ sich auf einen der Sessel fallen, sodass man Angst haben musste, der würde unter seinem Gewicht zerbersten.

„Leider habe ich hier nur Kaffee und Bier, oder …“ Zorro sprang wieder überraschend flink auf. „Hier, Eistee in Dosen. Mögt ihr Eistee?“

Jose nahm sich eine Dose, Pye, Koko und Elenie lehnten dankend ab. Pye kramte aus seiner Umhängetasche die Plastiktüte mit dem Fotoapparat. Er legte ihn auf die Paletten. Jose ergriff das Wort. „Diesen alten Fotoapparat haben wir gefunden. Soweit wir das verstehen, ist da sogar noch ein Film drinn. Wir würden gerne die Bilder auf diesem Film sehen, wissen aber nicht, wie.“

Zorro wickelte den Apparat vorsichtig aus der Tüte. „Habt ihr den Fotoapparat denn geöffnet?“

Die Kinder schüttelten den Kopf.

„Na sehen wir einmal“, meinte Joses Onkel und ließ den Apparat durch die Finger gleiten, während er ihn sorgsam drehte und aus allen Richtungen bemusterte.

„Auf den ersten Blick scheint nichts gebrochen.“ Er wog den Apparat abschätzend mit der Hand, suchte dann die Rückseite ab. „Ihr habt Recht. Da dürfte noch ein Film drin sein“, kommentierte er sein Tun. „Jetzt müssen wir herausfinden“, erklärte er den Kindern, „ob der Film auch zurück in die Spule gespult wurde. Sonst sind die Bilder beim Öffnen der Kamera in jedem Fall zerstört.“ Er umrundete mit seinen Blicken erneut die Kamera. „Früher wurden die Bilder nämlich auf einen sogenannten Film aufgezeichnet“, erklärte er den Kindern. „Da wurde das Licht vorne über die Linse auf dem Film eingefangen und dann der Film weitergezogen. So entstanden die Bilder und am Ende musste der Film in die lichtdichte Spule zurückgesollt werden, denn sonst würde durch das Öffnen der Kamera ja erneut Licht auf den Film geraten und die Bilder zerstören.“

So ganz verstanden die Kinder nicht, wie das denn funktionierte. Sie kannten nur Digitalkameras. Aber Jose war stolz auf seinen Onkel, dass der sich so gut auskannte und er war stolz auf seine Idee, Onkel Rodriquez um Hilfe zu bitten.

„Die geschlossene Spule sandte man dann in ein Labor, wo der Film entwickelt wurde. Wenige Tage später erhielt man die Bilder zurück," setzte Rodriquez fort.

„Und woher wissen wir", wollte Pye wissen, „ob der Film in der Spule ist?"

„Gute Frage, ich denke, das werden wir riskieren müssen".

Zurück von Onkel Rodriguez

Elenie war noch nie zuvor so übel gewesen wie diesmal. Auf ihrem Rückweg von Onkel Rodriquez hatten die vier an einem verlockend duftenden Straßenverkäufer halt gemacht. Während Koko dem marktschreierischen Auftreten des Verkäufers widerstand, hatten sich Pye, Jose und Elenie überreden lassen, je eine frische Maiswaffel mit süßem Aufstrich zu kaufen. Geschmeckt hatten die Waffeln wunderbar. Pye und Jose hatten Zucker & Lime als Topping gewählt. Elenie entschied sich für Maronicreme. Pye und Jose ging es prächtig. Doch Elenie litt. Schon kurz nachdem sie ihre Waffel gegessen hatte, begann ihr Magen gegen die Creme zu rebellieren. Heftiges Magenschneiden setzte ein und wurde erst besser, als ihr Pye von einem weiteren Stand eine Coke besorgte. Doch der kurzfristigen Linderung folgte die Übelkeit.

Als Elenie nach Hause kam, war ihr schon sehr übel. Kaum erreichte sie ihr Zimmer, musste sie sich zweimal übergeben. Elenies Mutter hatte die Schulkantine in Verdacht; zu Unrecht, wie Elenie wusste. Doch von ihrem Ausflug mit Pye, Koko und Jose zu dessen dubiosen Onkel konnte sie ja beim besten Willen nicht erzählen. Immerhin schien sich der Ausflug gelohnt zu haben. Onkel Rodriquez hatte versprochen, in wenigen Tagen die Bilder der Kamera zu haben, falls auf dem Film etwas Verwertbares abgelichtet war. Er wollte sich dann umgehend bei Jose melden.

Das Arbeitszimmer ihres Vaters war auch vielversprechend gewesen, hätten sie nur mehr Zeit gehabt. Jedenfalls beschloss Elenie, die betreffenden Regale bei nächster Gelegenheit noch einmal genauer unter die Lupe zu nehmen. Natürlich nur, falls diese Übelkeit jemals ein Ende nehmen würde.

„Ich habe dir etwas Tee gemacht, vielleicht beruhigt dies deinen Magen."

Ihre Mutter stellte eine Kanne Tee samt Tasse in ihrem Zimmer ab. Sie setzte sich an den Rand der Couch, auf dem Elenie mit fahlgrünem Gesicht lag.

„Ich werde mal mit dem Schuldirektor reden. Ich glaube, die verwenden in eurer Schulkantine die Reste der umliegenden Supermärkte."

Elenie fühlte sich zu schlecht, um zu protestieren. Sie schloss stattdessen resignierend die Augen. Ihre Mutter strich ihr mit der Hand über die Haare und blieb noch ein paar Minuten sitzen. Dann schickte sie sich dann an, Elenies Zimmer zu verlassen. Im Hinausgehen hielt sie inne: „Der Nachbar, Señor Humbold, der manchmal für deinen Vater arbeitet, hat heute nach dir gefragt."

Elenie war plötzlich hellwach, ließ sich aber nichts anmerken und hielt auch die Augen geschlossen. Ihre Mutter verharrte kurz im Hinausgehen, auf eine Reaktion Elenies hoffend. Elenie schien eingeschlafen. So zog sie von außen leise und vorsichtig die Tür zu. In Wahrheit war Elenie weit weg von jedem Einschlafen. Ungeachtet ihrer Übelkeit rasten in ihrem kleinen Kopf die Gedanken im Kreis: Was wollte Mister Salamander von ihr? Was wusste Mister Salamander von ihr und den drei Freunden? Hatte er sie bei ihr im Garten gesehen, vielleicht neulich bei der Geburtstagsfeier oder gar bei Joses Onkel? Zuzutrauen wäre es ihm. So wie er immer um alles und jeden herumschlich. Oder hatte er sie über den Balkon vor Chavez in ihr Zimmer flüchten gesehen? Oder hatte er sie in Kokos Garten beobachtet? Was konnte Señor Humboldt nur wollen?

Da meldete sich erneut Elenies Magen. Er forderte seine sofortige Entleerung. Elenie sprang auf. Sie sprintete in das WC, um sich erneut zu übergeben. Sie verfluchte die Maronicreme, alle Maronicremes auf dieser Welt. Niemals wieder würde sie Maronicreme essen und sie verfluchte den Straßenverkäufer, der sie so wortgewandt von seinen frischen Maiswaffeln überzeugt hatte. Elenie zog die Spülung und wandelte zurück in ihr Zimmer, da vernahm sie durch die einen Spalt geöffnete Tür zum Arbeitszimmer Chavrez' Stimme. Er telefonierte. Elenie schlich etwas näher heran. Ihr Vater telefonierte lautstark. Dabei gestikulierte er mit den Armen. Elenie konnte trotzdem nur Wortfetzen aufschnappen. Offenbar war ihr Vater aufgebracht darüber, dass etwas nicht oder nicht richtig aufgeräumt worden sei. Sie konnte noch „Planierraupe" verstehen und dass ihr Vater wohl einen Kehricht darauf gebe, wem das gehöre und dass er rasch eine befriedigende Lösung erwarte. Elenies Vater konnte entgegen seines umschmeichelnden Auftretens ganz schön streng sein. Es gab Dinge, das hatte Elenie schon erleben dürfen, bei denen verstand ihr Vater keinerlei Spaß. Jedenfalls war sie froh, nicht der auf der anderen Seite des Telefongesprächs zu sein. Der hatte ganz schön sein Fett abbekommen. Elenie schlich zurück in ihr Zimmer und trank ein paar Schlucke von dem Tee, den ihre Mutter bereitgestellt hatte. Dann legte sie sich wieder auf die Couch. Sie ließ die vergangen Tage und Erlebnisse Revue passieren. Wie passte das alles zusammen? Woher wusste Mister Salamder, dass sie mit Pye, Jose und Koko gemeinsame Sache machte? Und was wollte er jetzt ausgerechnet von ihr? Ihre Gedanken begangen wieder zu kreisen, drehten sich immer wilder, bis Elenie schließlich einschlief.

Die Asphaltierung

Als Koko am frühen Nachmittag von der Schule heimwärts fuhr, war plötzlich alles anders. Die Straße zu ihrem Haus war gesperrt, sodass sie hinter der ersten Häuserreihe nach Hause radeln musste. Straßenarbeiter hatten die Straße komplett abgeriegelt. Ein weiß-oranges Band spannte sich quer über die Straße wenige Meter vor der Stelle, wo der Asphalt aufhörte und die Straße in die Schotterpiste überging. Hier hatten sich schon mehrere Schaulustige zusammengefunden, die das emsige Treiben beobachteten. Dahinter konnte Koko in den dichten Staubwolken schweres Gerät, Radlader, LKW und Grader erkennen. Die Sperre reichte bis einige Hundert Meter nach ihrem Haus die Schotterpiste entlang, bis zur Kurve, wo sich die Piste gabelte. Koko staunte nicht schlecht, als sie ihrem zu Hause näher kam. Rund um ihr Haus, bis auf weniger Meter zur Hauswand hin, türmen sich Schotter und Sandberge. Das grüne Dickicht mit den darin verstreuten alten Sachen war verschwunden. Gerade so, als wäre der Platz rund um ihr Haus schon immer eine Lagerstätte der Straßenmeisterei gewesen. Kokos Großmutter stand angelehnt an der Veranda. Sie betrachtete von dort aus das laute und staubige Treiben der Straßenbaugeräte und die sie kommandierenden Straßenarbeiter. Für die hatte Großmutter, so vermutete Koko, als sie näher kam, das Tablett mit den vielen Gläsern und der Wasserkaraffe auf dem Verandatisch abgestellt.

„Was ist den hier los?“, wunderte sich Koko, die zuerst einen Straßenarbeiter überzeugen musste, dass sie auf der anderen Seite der Straße in dem Haus zwischen den Sand- und Schotterbergen wohnt, ehe sie dieser durchließ.

Großmutter zuckte die Achseln. „Heute Morgen ist ihr Vorarbeiter gekommen. Er hat uns erklärt, dass er einen Platz sucht, um die Straßenbaumaterialien während des Baus zu lagern. Der Gegenüber“, und sie deutete abfällig auf die lose umzäunte Wiesenfläche, „hatte es wohl nicht nötig, das gebotene Geld zu nehmen. Opa hat dafür einen guten Handel vereinbart. Sie haben den ganzen Müll mitgenommen, den Garten planiert und wenn die Straße fertig ist und sie wieder weiter zur nächsten Baustelle ziehen, bekommen wir obendrauf noch ausreichend Erde, um einen richtigen Garten anzulegen. Vielleicht geht sich mit dem Geld für die Stellplatzmiete sogar ein kleiner Pool aus", strich Oma Koko durch die Haare.

„Ich dachte, die wollten die Straße nicht bauen?" Koko musste den Satz unterbrechen, weil eine schwere Planierraupe dröhnend unmittelbar an ihnen vorbeifuhr. „Weil in der Gemeindekasse kein Geld ist."

Kokos Opa hatte gleich nach ihrem Einzug vor zwei Jahren auf der Gemeinde angefragt, ob und wann denn mit einer Weiterführung der Asphaltstraße zu rechnen sei. Eigentlich hatte er sich wegen Koko erkundigt, da Schulbusse nur auf geteerten Straßen fahren durften und beide, Oma und Opa, hätten Koko lieber mit dem Schulbus in die Schule fahren sehen wollen als mit dem Rad. Aber damals wollte die Gemeinde – obwohl sich auch andere Anrainer und Eltern dafür stark gemacht hatten – von einer Asphaltierung nichts wissen. „An Geld scheint es der Gemeinde jetzt nicht mehr zu fehlen, bei der Summe, die die für die Lagerfläche geboten haben", sinnierte Kokos Oma. „Lass uns reingehen, hier draußen wird es von Minute zu Minute unerträglicher."

Tatsächlich legten die Straßenarbeiter ein beachtliches Tempo vor. Der Grader zog die Schotterpiste schnurgerade ab. Dahinter folgten auf ganze Breite der Straße vier schwere Walzenfahrzeuge und denen wiederum folgten Sprenklerwagen, die ein Bindemittel aufbrachten, damit die Teerwagen dahinter eine erste Schicht Asphalt aufbringen konnten. Links und rechts des so entstandenen, dunklen Bandes werkten kleine Bagger und Männer mit Schaufeln und Hacken, um entlang der so entstehenden Straße eine Sandböschung samt Regenrinne, Abflüsse und gelegentlichen Ausbuchtungen anzulegen. Man konnte meinen, die Arbeiter würden nach Laufmeter fertiger Straße bezahlt.

„Was sagt eigentlich unser Vermieter zu dem verschwundenen Garten?“, fielen Koko plötzlich die Mietbedingungen ein. „Hatte der nicht darauf bestanden, den Garten unberührt zu lassen?“

„Das hatten die Vorgesetzten des Vorarbeiters wohl schon geklärt“, wusste Kokos Großmutter zu berichten. „Jedenfalls hat der Mann, der uns heute Morgen das Geld für die Stellfläche angeboten hat, gesagt, sie hätten mit dem Vermieter schon alles geregelt.“

Kokos Großmutter zuckte wieder leicht mit den Achseln, was wohl so viel hieß, dass sie das damit nicht mehr als ihr Problem auffasste. Koko erkannte die Chance, sich unauffällig nach dem Vermieter zu erkundigen und fasste nach, ob denn Opa oder Oma mit dem Vermieter je persönlich geredet hatten. Oma verneinte. „Der lebt irgendwo im Norden in Amerika oder Kanada. Nein, die Vermietung lief nur über das hiesige Realitätenbüro. Ich bin mir nicht sicher, aber ich glaube, das ist das Büro, in dem Pyes Mutter arbeitet.“

Koko stutzte. Ja, Pyes Mutter arbeitete in einer Immobilienfirma. Dabei hatte sie aber eher an den Bau von Immobilien gedacht und Pye wusste sicher auch nicht, dass diese Firma in die Vermietung des Geisterhauses involviert war.

Im Haus war es angenehmer. Nachdem die Veranda- und Haustür zugefallen war, hatte das Dröhnen der Maschinen etwas nach gelassen. Der Staub blieb ausgesperrt.

„Haben die etwas gesagt, wie lange das dauern wird?“

„Ich glaube, sie haben Opa gesagt, dass das Gröbste bis Ende der Woche schon vorbei sein dürfte. Dann bekommen wir unseren Garten und können ihn schön anlegen.“ Großmutter zog einen Fächer Zeitschriften aus ihrer Zeitschriftenablage. „Die habe ich heute Morgen nach dem Besuch des Vorarbeiters in der Trafik gekauft. Sie wedelte aufgeregt mit den aktuellsten Ausgaben der landesweiten Gartenmagazine und Journale vor Kokos Gesicht herum. Großmutter freute sich, ja war sogar ein bisschen aus dem Häuschen, hatte sie sich doch schon lange einen eigenen Garten gewünscht, den sie nach ihren Vorstellungen gestalten konnte. Koko hingegen war misstrauisch. Irgendwie klang die ganze Geschichte eigenartig. Der Sinneswandel der Gemeinde kam so plötzlich, der Arbeitsbeginn geschah so übereilt und warum war es so wichtig, die Geräte und Materialien für den Straßenbau just um ihr altes Haus zu parken? Eigentlich war alles an der Sache irgendwie eigenartig. Und eigenartig waren auch die Wortfetzen, die ihr Eleni heute in der Schule aus dem mitgehörten Telefonat ihres Vaters erzählt hatte. Passen die mit diesem plötzlichen Straßenbau zusammen?

Zorro meldet sich nicht

Von den Freunden war Koko mit Sicherheit die Ungeduldigste. Gerne hätte sie schon am nächsten, spätestens am übernächsten Tag Rodriguez bedrängt, ob denn der Film in der Kamera noch entwickelbar war. Aber Rodriguez hatte schließlich von mehreren Tagen gesprochen, die eine Entwicklung des Filmes dauern würde. Koko wollte ihren Ruf als ungeduldige Neugierdsnase bei ihren Freunden nicht weiter schüren. Also zügelte sie ihre Ungeduld und hoffte, dass Pye, Jose oder Elenie selbst von Neugierde getrieben den ersten Schritt machen würden. Aber auch in den nächsten Tagen machten weder Jose noch Pye Anstalten, auf die Bilder gespannt zu sein. Nach einer Woche war es schließlich Elenie, die das Thema am Schulhof anstieß.

„Jose, hast du von deinem Onkel schon etwas wegen der Bilder gehört?"

Jose schüttelte den Kopf. „Nein, nichts. Obwohl schon eine ganze Woche verstrichen ist."

„Vielleicht dauert es einfach länger?", pflichtete Pye bei.

„Eine Woche ist ganz schön lang", stöhnte Elenie.

„Vielleicht sollten wir deinen Onkel noch einmal besuchen. Weiß er schon, ob die Bilder etwas geworden sind? Dann können wir die Bilder gleich mitnehmen. Hat er vom Labor noch nichts gehört, dann zeigt ihm unser Besuch, wie wichtig uns die Bilder sind und wie dringend wir auf ein Ergebnis warten."

„Niemals fahre ich dort noch einmal hin", verwarf Elenie Kokos Vorschlag. Zu unangenehm waren Elenies Erinnerungen an ihre Übelkeit nach dem Besuch bei Rodriguez.

„Aber für deine Übelkeit kann doch Rodriguez nichts, das waren doch die Waffeln von dem Straßenstand", korrigierte Jose Elenies Erinnerung. Elenie zuckte die Schultern, während Pye sich offenbar für Kokos Vorschlag erwärmen konnte. „Wir könnten morgen Nachmittag in unseren Freistunden rausfahren. Ich denke, wenn wir schnell fahren, geht sich der Hin- und Rückweg schon aus."

„Das klingt nach Sport“, ergänzte Jose, „und wir dürfen nicht vergessen, dass wir in Onkel Rodriguez‘ Laden auch noch etwa Zeit benötigen werden.“

„Dann müssen wir eben noch schneller radeln“, ließ sich Pye nicht von seinem Vorschlag abbringen.

„Wir könnten uns aufteilen“, schlug Elenie vor. „Koko und ich könnten die Freistunden nutzen, um Mister Humbolds Garten weiter auf Vordermann zu bringen. Wer weiß, vielleicht erzählt er uns noch ein paar Einzelheiten zu seiner Geschichte.“

Koko blickte Elenie überrascht an. Sie gemeinsam mit Elenie? Das war eine völlig neuartige Vorstellung, mit der sie sich erst anfreunden musste.

„Von mir aus“, hörte sich Koko selber sagen. Elenie schien sichtlich erleichtert, nicht mit zu Onkel Rodriguez zu müssen. Sie warf Koko einen dankbaren Blick zu. „Und ihr Jungs könnt sicher schneller treten, das macht Sinn. Wir werden versuchen, Mister Salamander in ein Gespräch zu verwickeln. Es wäre gut, mehr über Estevio herauszufinden. Es wäre bestimmt auch interessant, mehr über die Freundschaft zwischen Mister Humboldt und deinem Arzt, Roger, zu erfahren.“ Dabei stieß Elenie Pye mit dem Arm an. „Wie gefällt Roger denn deiner Mutter?“

Pye tat, als hätte er die Frage überhört. In Wahrheit hatte er sich dieselbe Frage auch schon gestellt. Roger war nett und in etwa auch gleich alt wie Anna Maria.

Alte Bilder

Noch während der Klang der Schulglocke am nächsten Tag nachhallte, brausten Pye und Jose mit ihren Rädern schon in voller Fahrt vom Schulhof, sodass die Kiesel unter ihren Reifen seitlich wegstoben. Sie passierten das Tor und bogen links in die kurze Allee ab, die von der Schule in Richtung Außenbezirk führte. Dabei traten sie mit aller Kraft in die Pedale. Sie ließen auch bei der leichten Steigung der Allee nicht nach. Koko und Elenie schwangen sich ebenfalls auf ihre Räder. Sie radelten rechts durch das Tor auf Elenies gewohnter Strecke Richtung nach Hause. Für beide Mädchen war es eine ungewöhnliche Situation, waren sie doch zuvor nie allein unterwegs gewesen. Auch ihre Mitschülerinnen staunten. Speziell Elenies Freundinnen sahen den neuen Umgang Elenies mit skeptischen Augen. Was wollte Elenie nur plötzlich mit Koko? Elenie hatte ihren Freundinnen natürlich nichts von ihrer abenteuerlichen Suche erzählt. Sie würden dies ohnehin nicht ernst nehmen und sie höchstens auslachen. Abgesehen davon hielt sich Elenie dem Schwur Kokos, Pyes und Joses verbunden. Mochten ihre Freundinnen noch so neugierig sein und mitunter auch über ihre neuen Freunde lästern, Elenie war fest entschlossen, zu ihren neuen Freunden zu halten.

„Hat Señor Humboldt schon oft für euch gearbeitet?“, wollte Koko wissen.

„Ab und an“, antwortete Elenie. „Meistens waren es nur Kleinigkeiten im Garten oder Reparaturen am Haus. Señor Humboldt ist sehr geschickt, umso verwunderlicher ist es, dass er seinen eigenen Garten und wohl auch das Haus so verwahrlosen lässt.“

„Vielleicht hat er Angst, etwas zu verändern?“, sinnierte Koko.

„Wie meinst du das?“

„Na ja, als wir in das neue Haus gezogen sind, hatte unser Vermieter ausdrücklich darauf bestanden, den Garten und alles darin unverändert zu lassen. Großvater meinte, dass er an dem

Garten wohl mit Erinnerungen hängt und daher nichts verändern möchte. Großvater meinte, er hätte wohl Angst, dass mit einer Veränderung des Gartens auch seine Erinnerung verblassen könnte."

„Und du meinst, Salamader – Entschuldigung, Señor Humboldt – versucht ebenso, eine Erinnerung zu bewahren, indem er nichts am Haus und am Garten verändert?"

„Vielleicht."

„Aber warum müssen dann wir den Garten umgraben? Das löscht doch auch seine Erinnerungen?"

„Vielleicht – vielleicht ist es einfach an der Zeit. Du erinnerst dich, was Roger gesagt hat? Er sagte, es würde Señor Humboldt gut tun, endlich Veränderungen zuzulassen."

„Das erinnert mich an die aufgestellten Teller in seiner Küche."

Es lief Koko ein kleiner Schauer des Unbehagens über den Rücken, während beide Mädchen die Lenker einschlugen, um die schmale Verbindungsstraße vom Schulbezirk hinüber zu Elenies zu Hause zu nehmen.

Bei Zorro

Pye war auch in manchen Alltagsdingen etwas anders als seine Mitschüler. Auf Joses Stirn sammelten sich erste Schweißperlen von der Radraserei. Sein Atem ging rasch, seine wenigen Sätze, die er auf dem Weg zu Onkels Joses Laden noch hervorbrachte, waren von der Kurzatmigkeit geprägt, die die stramme Fahrt hervorrief. Pye musste sich zwar auch anstrengen, war aber bei weitem noch nicht so gefordert wie Jose. Bei der vorletzten Kreuzung hatten Joses Beinmuskel bereits begonnen mit Brennen und Ziehen den bevorstehenden Muskelkater anzukündigen. Reflexartig hatte Jose daraufhin das Fahrtempo etwas reduziert, doch Pye schoss mit seinem Rad unvermindert auf das Ziel zu. So musste Jose, um den Anschluss nicht zu verlieren, trotz der Schmerzen in den Beinen weiter Gas geben. Seine Atmung beschleunigte sich noch mehr und ob der Kurzatmigkeit verzichtete Jose darauf, Pye anzusprechen. Er war vollends damit beschäftigt, den Anschluss nicht zu verlieren. Pye hingegen schienen das hohe Tempo und die Anstrengung nicht übermäßig zu fordern. Im Gegenteil. Das nahe Ziel vor Augen, hätte er sicher noch schneller in die Pedale getreten, wäre ihm aus dem Augenwinkel nicht der zunehmend größere Abstand zu seinem Freund aufgefallen. Sie bogen um die letzte Kurve und die nunmehr lange, leicht abschüssige Gerade brachte Jose wieder mit Pye auf gleichauf.

„Du musst wohl etwas mehr trainieren“, feixte Pye. Jose rollte nur die Augen, war aber so aus der Puste, dass er nicht antwortete, sondern nur nickte.

Die Gegend links und rechts dieser Straße war den Jungs irgendwie unheimlich. Gleichzeitig fanden sie sie sehr cool. Der bunte Häusermix von alten Einfamilienhäusern, durchzogen von Läden und kleinen Shoppingmalls und einigen wenigen Neubauten, deren Baustil mit Glas und Beton wie Fremdkörper wirkten, hatte zu einer ebenso eigentümlichen Einwohnermischung geführt. In den alten Einfamilienhäusern lebten vorwiegend ältere

Leute, die nicht bei Zeiten aus der Gegend weggezogen waren. Die kleinen Malls und Läden hatten Jungunternehmer mit oft zwielichtigen Geschäftsideen angezogen oder Unternehmer, die sich die Ladenmieten in vornehmeren Gegenden nicht mehr leisten konnten. Eine Abwärtsspirale, wie Anna Maria Pye einmal erklärt hatte. Denn diese Art von Läden zogen auch wiederum nur bestimmte Kunden an. Im Ergebnis ergab das eine Gegend, von der man sich guten Gewissens fernhalten konnte, ohne etwas versäumt zu haben. Bedauernswert seien nur die Bewohner der alten Einfamilienhäuser, die nicht rechtzeitig vor Verfall der Immobilienpreise weggezogen waren und nun wie Fremdkörper in ihrer eigenen Gegend ihr Auslangen suchten.

„Dort vorne", deutete Jose, der wieder zu Luft gekommen war. Auch Pye erkannte die Neonladenbeleuchtung, die selbst am Tag an war und sich in der Glasvitrine des Waffelstandes unmittelbar davor spiegelte. Jose und Pye bremsten die Räder ab. Sie parkten sie unmittelbar neben dem Waffelstand. Der Verkäufer hatte sie offenbar wiedererkannt. Er trat ihnen mit breitem Grinsen entgegen, weil er wohl ein weiteres Geschäft witterte: „Na Jungs, wieder frische Waffeln?"

Seine Stimme klang, als ob sie rostig gewesen wäre. Selbst dieser kurze Satz ließ seinen eigenartigen Akzent durchklingen. Dabei hielt er auffordernd den Jungs die noch leere Papiertüte entgegen. Er deutete mit der anderen Hand auf das Feuer des kleinen Kohleofens, das die Waffelplatte bei Temperatur hielt.

„Danke nein", winkte Pye ab. Joe schüttelte bekräftigend den Kopf, obwohl ihm der Duft der süßen Waffeln verführerisch in die Nase stieg. Doch er entsann sich Elenies Schicksal mit der letzten Waffel und folgte rasch Pye auf den Gehsteig.

„Sieht geschlossen aus", meinte dieser, als er durch das Fenster in Onkel Joses Laden blickte.

„Ist offen, ist offen", hörten sie den Waffelmann hinter ihnen sagen. Jose schob die Ladentür an und tatsächlich schwang sie auf. Den Jungs quoll eine Wolke stickiger, rauchverhangener

Luft entgegen, durchmischt von einer süßlichen Note. Der Laden war leer.

„Onkel Jose?“

„Onkel Jose?“, wiederholte Jose. Aus dem rückwärtigen Rum hinter der Verkaufspult hörten die Jungs ein Krachen und einen leisen Fluch.

„Ja, hier hinten, komme schon.“ Kurz darauf erschien Onkel Jose im Türrahmen hinter dem Pult. „Ah, Jose und sein kleiner Freund“, begrüßte Onkel Joses die vermeintlichen Kunden. Pye war bei dem Anblick von Joses Onkel wider Willen sofort wieder an den Volkshelden Zorro erinnert. Eine Vorstellung, die sich mit den eigentlichen Geschäften, die der Onkel in seinem Laden hier betrieb, vermutlich so gar nicht vereinbaren ließ. Mit in paar kurzen Schritten hatte Zorro die Verkaufspult umrundet und Jose hochgehoben und in die Arme genommen. Jetzt rang Jose erneut nach Luft. Einerseits wegen der Kraft der Umarmung und andererseits wegen des intensiven Rauchgeruchs, den Onkel Jose verströmte.

„Hallo Junge“, begrüßte Zorro auch Pye, der sichtlich froh war einer Umarmung entgangen zu sein. Aus dem Nebenraum folgte Samanther Zorro in den Laden. Sie stellte sich wortlos hinter die Theke.

„Wollt ihr mich besuchen? Darf ich euch auf eine Waffel einladen?“ Onkel Jose bedeutete mit dem Kopf auf den Waffelstand vor seinem Laden. „Aber Vorsicht, Fremden verkauft er oft den Teig vom Vortag.“

Danke für die Warnung, dachte Pye bei sich, das wäre letzte Woche ein guter Hinweis gewesen.

„Danke, nein“, lehnten die Jungs ab.

„Ah, dann seid ihr wegen des Geschäfts hier“, gab sich Zorro ganz als Unternehmer. Er stellte Jose ab, der endlich wieder frei atmen konnte und lotste die Jungs wieder in den Nebenraum hinter die Theke. Im Vorbeigehen am Pult raunte er ein leises „Samanther“, was wohl so viel hieß, wie „jetzt ist das hier vorne dein Laden“. Eine Aufforderung, die Samanther nicht gebraucht hätte. Es sah nicht nach regem Kundenverkehr aus, überhaupt hatte Pye in der Zeit, die sie in dem Laden beim letzten Mal und heute verbracht hatten, nie einen Kunden gesehen. Er konnte sich nicht vorstellen, dass die hier herumstehenden Waren Kundenströme in den Laden lockten. Samanther selbst schien Pye auch nur geeignet, bestimmte Kunden anzusprechen. Wie schon bei ihrem letzten Besuch, war sie wieder in schnoddrige Klamotten, löchrige Jeans und martialische Stiefel gekleidet. Die Haare trug sie diesmal glatt gegelt, als hätte man ihr von oben Gel oder Öl über den Kopf gegossen. Dazu schmatzte sie in überlauter Manier auf einem Kaugummi herum. Der formte von Zeit zu Zeit Blasen, die sie ebenso laut zerplatzen ließ. Ihre Augen folgten jeder Bewegung der Jungs, bis diese schließlich mit Zorro im Nebenraum verschwunden waren und sich der grüne Perlvorhang im Türstock wieder beruhigte.

„Möchtet ihr etwas trinken?"

„Ja gerne." Jose nahm die ihm gereichte Dose Zitronenlimonade, zog an der Verschlusskappe und leerte die Dose in einem Zug. Pye, der Zorros erstauntes Gesicht sah, erklärte rasch: „Wir sind mit dem Rad gekommen und wir hatten es eilig."

Zorro reichte Jose und Pye je eine weitere Dose. „So, ihr habt es also eilig?"

Pye und Jose nickten unisono.

„Dann will ich euch mal nicht auf die Folter spannen." Zorro streckte seinen Arm in das nebenstehende Regal und zog eine kleine braune Tüte daraus hervor. Er kippte den Inhalt der Tüte auf den Tisch neben die Getränkedosen. Der Fotoapparat, zwei kleine Filmdosen und eine Spule, vermutlich der Film, klapperten auf den Tisch.

„Tia, leider ist das alles. Wie ihr seht, sind keine Bilder dabei." Zorro bemerkte, dass Pye näher nachfragen wollte, und fuhr fort: „Das Labor hat die Kamera geöffnet und den Film entwickelt. Leider war der Film zerstört. Vielleicht ist er durch die lange Zeit kaputtgegangen, vielleicht durch die Feuchtigkeit, man konnte mir das nicht sagen. Jedenfalls, und das ist die traurige

Nachricht, konnte das Labor keine Bilder auf dem Filmmaterial finden.“

Pye und Jose blickten sich an. Verdammt, sie hatten so gehofft, auf dem Film etwas Interessantes zu finden. Dann war dieser Weg wohl eine Sackgasse.

Neue Freunde

Das kleine Caféhaus lag unmittelbar an der Kreuzung zwischen der Nord- und Südroute, die beide das kleine Städtchen durchzogen und in je ein Viertel schnitten. Also konnte man sagen, das Caféhaus lag genau in der Mitte ihres Ortes. Anna Maria hatte es vorgeschlagen, weil sie im ganzen Ort vermutlich niemanden kannte, der dieses Caféhaus nicht kannte. Sie wusste, dass hier stets ein reges Kommen und Gehen herrschte. Ihr Treffen würde hier wohl am wenigsten auffallen, wenngleich es ohnedies niemanden etwas anging, mit wem sie sich auf einen Kaffee traf. Schließlich war sie Single und alleinerziehende Mutter. Deshalb wuchs Pye ja ohne Vater auf. Das Caféhaus war streng genommen gar kein Café. Ursprünglich war hier an der Kreuzung der Nord-Südstrasse die einzige Tankstelle weit und breit gewesen. Während der Ort rund um die beiden Straßen in den letzten fünfzig Jahren zu einer kleinen Stadt herangewachsen war, hatte sich auch ihr Treffpunkt mehrfach verändert. Anfangs kam zu der Tankstelle ein kleiner Laden hinzu. Mit Anwachsen des Ortes folgten die ersten kleinen Shoppingmalls und für die Tankstelle mit dem kleinen Laden zeichnete sich ein unrühmliches Ende ab. Die Kunden bevorzugten die One Stop Malls und zusätzlich konnten diese bessere Preise bieten. Also schloss der Laden irgendwann wieder. Eine Zeit lang wurde die Tankstelle als Tank- und Waschsalon geführt. Mit der Übernahme der Tankstelle durch die Söhne des ursprünglichen Tankstellenbetreibers kam frischer Wind in die Geschäfte. Während sich Emilio, der ältere Sohn, der Tankstelle und dem Waschsalon widmete, eröffnete Suarez, der jüngere Bruder, im alten Ladengeschäft dieses Caféhaus. Suarez ging seinerzeit gemeinsam mit Anna Maria in die Grundschule und irgendwie hatten sie es geschafft, über die Jahre hinweg in Kontakt zu bleiben. Als Anna Maria die Tür zum Café öffnete, strömte ihr der ihr wohlbekannte Duft nach Röstkaffee, Pancakes mit Ahornsirup und alten Lederbezügen entgegen. Das Café bot in etwa sechs Tische, längs an der Bar aufgefädelt mit unmittelbarem Blick auf die Nord-Südstraße. Durch die Lage leicht oberhalb der Straße konnte man von hier aus bis weit über die unteren beiden Vierteln der Stadt hinabsehen. Anna Maria schloss die Tür hinter sich, die mit zwei hellen Klingeln verbunden war, sodass eigentlich jeder eintretende Besucher die Aufmerksamkeit der schon im Café weilenden anzog. Es klingelte, aber niemand wandte sich um. Vier der sechs Tische waren besetzt. Anna Maria setzte sich auf den hintertesten Tisch am Ende des Lokals. Sie wählte den der Tür zugewandten Platz. So würde sie Roger schon beim Betreten de Cafés sehen können.

Die Sitzbänke waren mit dickem roten Leder überzogen, eingefasst von hellbraunem Holz. Die Tischplatten umlief ebenso die gleiche, schmale Holzeinfassung, während die Platten selbst in sattem Türkis die Deckenbeleuchtung widerspiegelten. Anna Maria war in der letzten Zeit seltener hierher gekommen. Sie mochte die Einrichtung und war froh, dass sich hier nichts geändert hatte. Dieses Café war für sie ein Ort der Erinnerung.

„Einen Café Latte bitte und ein stilles Wasser."

Die etwas ältere Servierdame nickte, notierte die Bestellung und schob den Orderzettel zur Hälfte unter die Zuckerdose. Anna Maria beobachtete den Verkehr auf der Straße. Seit der Schwerverkehr um ihre Stadt außen herum geleitet wurde, war es hier und auch im Ort selbst merklich ruhiger geworden. Dennoch zog ein steter Strom von Pick-ups, SUVs und anderen Fahrzeugen an ihr vorbei. Ein alter, weißer Cadillac schickte sich an, unmittelbar vor dem Café zu parken. Anna Maria war sich nicht sicher, ob sie durch die Windschutzscheibe Dr. Rodriguez erkannte oder nur jemanden, der ihm ähnlich sah. Keine zwei Parklücken dahinter manövrierte sich ein großer, schwarzer Buick mit dunkel abgetönten Fenstern in die Parkzone. Aus dem weißen Cadillac stieg Dr. Rodriguez. Er schien Anna Maria schon durch das Fenster erkannt zu haben. Jedenfalls hob er seine Hand zu einem angedeuteten Winken, ehe er schnurstracks auf die Eingangstür des Cafés zulief. Aus dem Buick stieg niemand aus.

Im Café

„Verzeihung, ich sehe, ich bin zu spät", begrüßte Dr. Rodriguez Anna Maria und fixierte abwechselnd Anna Marias halb geleerten Café Latte und Anna Maria. Anna Maria folgte seinem Blick, ehe sie begriff: „Oh nein, nein, nein. Nicht Sie sind zu spät, sondern ich war zu früh. Viel zu früh. Ich genieße es, hier die vorbeifahrenden Autos zu beobachten und mir vorzustellen wohin sie wohl fahren."

„Darf ich?", fragte Roger und zog sich einen Stuhl stirnseitig zum Tisch.

„Gerne, aber warum nehmen sie denn nicht die Bank?", deutete Anna Maria auf die Lederbank ihr gegenüber. Roger überhörte den Einwand, zog den Stuhl an den Tisch heran, warf seine Jacke auf die Bank. Er setzte sich. Dann zog er die auf dem Tisch aufgestellte Menükarte näher und drehte sie abwechselnd auf die Vorder- und Rückseite.

„Die Pancakes sind ausgezeichnet, ebenso wie die Topfenschnitten", empfahl Anna Maria. Roger lächelte, ließ sich aber nicht beirren. Dann rief er die Kellnerin herbei.

„Es ist immer gut, die Wahlmöglichkeiten zu kennen", kam Roger Anna Maria zuvor.

„Es ist schön hier, klassisch, einfach."

„Und voller Erinnerungen", fügte Anna Maria hinzu. Im gleichen Moment, wie sie es sagte, wurde ihr bewusst, dass dies nicht die beste Einleitung für ein Gespräch war. Roger tat, als ob er das überhört hatte.

Die Bedienung stellte sich zu Anna Maria und Roger an den Tisch. Er folgte Anna Marias Empfehlung, indem er einen Café con Latte und Pancakes bestellte.

„Wie geht es Pye?"

„Danke, der Sturz hat keine Nachwirkungen hinterlassen. Er ist mit seinen Freunden unterwegs wie eh und je", antwortete Anna Maria und fügte an: „Dank Ihrer Behandlung, Doktor."

„Roger“, sagte Doktor Rodriguez. „Ich finde, wir sollten den förmlichen Teil überspringen, nennen Sie mich Roger und außerdem glaube ich, dich von früher zu kennen.“

Anna Maria streckte ihm ihre Hand entgegen: Freut mich. Anna Maria“, bot sie ihm an.

„Das wirklich Bewundernswerte ist, dass sich meine Behandlung darin erstreckte, Pye durchzuchecken. Er war tatsächlich unverletzt, abgesehen von dem Schrecken, der mit dem Sturz wohl einherging. Eine Behandlung im eigentlichen Sinn hat es nicht gegeben.“

Die Kellnerin näherte sich wieder. Sie stellte den Cafe con Latte vor Roger auf den Tisch und platzierte einen Teller frischer, angenehm duftender Pancakes geradewegs vor Roger. „Guten Appetit.“

Roger blickte kurz auf zur Kellnerin und nahm sich dann den obersten der Pancakes.

„Am besten sind sie mit ordentlich viel Sirup“, lachte Anna Maria. Roger nickte, ließ sich aber nicht verleiten und tröpfelte nur wenig Sirup auf seinen Pancake. Er biss ab und kaute den Bissen kurz. „Er hätte sich eigentlich etwas brechen müssen, je nachdem, wie er gestürzt ist. Aber so ganz heil ...“ Roger nahm einen weiteren Bissen. „Das ist mehr als nur ungewöhnlich.“

Anna Maria schwieg. Sie war nicht sicher, ob Roger nun auf eine erklärende Antwort ihrerseits wartete. Das tat er nicht.

„Ebenso ungewöhnlich, wie der folgenlose Sturz, waren aber auch die Auswertungen des Labors.“

Anna Maria nickte. Das hatte sie verstanden. „Danke nochmal für die unbürokratische Entlassung.“

Anna Marias und Rogers Blick trafen sich irgendwo über den Pancakes und zwischen den Kaffeetassen. Beide wussten, dass es zu diesem Thema wesentlich mehr zu sagen gäbe, beide wussten, das der jeweils andere mehr in dieses Thema verstrickt war, als es den Anschein hatte, und zugleich wussten beide, dass sie den Rest des Vormittages über andere Dinge reden wollten.

Alleine in Humbolds Haus

Das Gartentor stand einen schmalen Spalt offen, als Koko und Elenie bei Humboldts Haus eintrafen. Elenie klingelte zweimal kräftig. Sie wollte nicht länger als unbedingt nötig vor Humbolds Haus gesehen werden. Man konnte ja nicht wissen, ob nicht einer ihrer Eltern jeden Moment vorbeikam oder zufällig aus dem Haus auf die Straße blickte. Bei Humboldt rührte sich nichts. Elenie klingelte nochmal. „Vielleicht ist er gar nicht zu Hause?“

Koko streckte sich, um besser über den Zaun in den Garten blicken zu können. Sie erspähte niemanden. Dann schob sie kurzerhand ihr Rad durch den Spalt und ging hindurch. Elenie wollte protestieren, doch hier auf der Straße, in Sichtweite ihres Zuhauses, fühlte sie sich unwohl. Sie folgte Koko lieber durch das halb offene Gartentor.

„Hat Humboldt einen Hund?“, wollte Koko wissen. Elenie schüttelte den Kopf. Die beiden Mädchen schoben ihre Räder die Auffahrt entlang. Als sich Elenie durch die Sträucher verdeckt und aus dem Sichtfeld ihres Zuhauses wähnte, stoppte sie.

„Sollen wir hier schon eindringen?“

„Eindringen?“, wiederholte Koko fragend. „Wir dringen nicht ein, sondern wir arbeiten für Humbold. Schon vergessen? Wir schneiden seine Sträucher, stutzen die Blumen, kieseln den Weg.“

„Ja ja, schon gut. Aber wenn er nicht da ist?“

„Dann wird er sich bei seiner Rückkehr sicherlich freuen, dass wir inzwischen weiter fleißig waren“, zerstreute Koko Elenies Zweifel. Humboldt war nicht zu Hause. Sie hatten auch an der Haustür noch einmal geläutet. Im Haus regte sich nichts. Die Garage stand offen. Sie parkten ihre Räder unter dem Vordach und machten sich daran, ihr benötigtes Gartenwerkzeug zu suchen.

„Die Tür ins Wohnhaus ist offen“, stellte Koko fest. Gleich neben den Stielgeräten wie Rechen, Laubrechen, Besen, Stielharke und dem gelben Häcksler führte eine Verbindungstür von der Garage in das Wohnhaus. Die Tür stand offen. Elenie erahnte, was durch Kokos Kopf ging. „Du willst doch nicht spionieren?“

Koko drehte sich zu Elenie um. „Spionieren? Doch, genau das ist es doch, warum wir hier auf Gärtner machen. Wir wollen mehr herausfinden und das kann man wohl am besten mit spionieren.“

„Und wenn Señor Humboldt doch da ist? Vielleicht war er gerade im Keller, vielleicht hört er laut Musik oder er schläft und hat uns deshalb nicht gehört?“

Koko schüttelte den Kopf. „Mag ja alles sein, aber ich glaube nicht, dass Humboldt etwas dagegen hat, wenn ich uns einen Saft hole. Schließlich macht Gartenarbeit Durst. Elenie wollte gerade entgegnen, dass sie noch gar nicht im Garten gearbeitet hatten, doch Koko war bereits im Haus verschwunden. Das bedeutete wohl so viel, wie dass es nun ihre Aufgabe war, Schmiere zu stehen und Koko zu warnen, falls Señor Humboldt überraschend nach Hause kam. Elenie schnappte sich die mittlere Gartenschere. Sie ging ein Stück weit die Auffahrt hinunter bis an den Rand der noch ungestutzten Sträucher. In dicken Trauben hingen die verwelkten Blütenstände der Rispenhortensien bis fast zum Boden. Ihr Gewicht bog die Äste unschön nach unten, sodass die Sträucher, völlig aus der Form geraten, wie Hängeweiden wirkten. Man konnte fast meinen, sie würden unter ihrem eigenen Aussehen leiden und ließen deshalb die Äste so hängen. Dort begann sie Ast um Ast die Blütenstände abzuzwicken. Befreit von dem Gewicht hoben sich die Äste in ihre ursprüngliche Wuchsrichtung. Manche schnellten angesichts der Befreiung regelrecht nach oben. Bedächtig, ganz langsam, schnitt Elenie Zweig um Zweig. Schließlich beobachtete sie angestrengt abwechselnd den Garteneingang und die Fenster des

Hauses, um im Falle des Falles Koko rechtzeitig warnen zu können.

Koko schleicht herum

Die Tür aus der Garage führte in einen Vorraum, nicht den gleiche, über den man von der Haustür kommend das Haus betrat, sondern links daneben. Koko schlich auf Zehenspitzen. Sie war sichtlich bemüht, nirgends anzustoßen. Gar nicht so leicht, denn schließlich kam das einzige Licht in diesem Raum durch den schmalen Türspalt aus der Garage. Es dauerte ein wenig, bis sich Kokos Augen an die Düsternis gewöhnt hatte. Rechts von ihr führte eine weit offene Tür in einen Vorratsraum. Koko konnte die unzähligen Konserven, Gläser und Flaschen erkennen, die sich darin stapelten. Wenn das Humbolds Vorräte waren, so lebte er nicht sehr gesund. Er ernährte sich vorrangig von Konservenkost. Koko schlich weiter. Jetzt, da sich ihre Augen daran gewöhnt hatten, konnte sie schneller schleichen. Ganz vorsichtig drückte sie die Türklinke hinunter. Gott sei Dank war sie gut geölt. Koko betrat den Flur. Links von ihr sah sie jetzt die Eingangstür, durch deren Milchglascheibe ausreichend Licht schimmerte, dass der Flur und das Stiegenhaus gut belichtet waren. Koko schloss ebenso vorsichtig die Tür hinter sich wieder zu und verharrte dann einige Sekunden reglos und lauschte, ob sie im Haus etwas hörte. – Nichts. Zumindest hörte Humboldt nicht laut Musik, diese Variante konnte ausgeschlossen werden. Zugleich lauschte Koko auch, ob sie von Elenie etwas hörte. Ebenfalls nichts. Geradeaus ging es in die Küche und den Essraum, dorthin, wo die Freunde neulich gesessen waren. Durch die Tür sah Koko das gleiche schauerliche Bild wie beim letzten Mal: einen gedeckten Tisch mit vier Tellern. So, als würde die Familie jeden Moment zu Mittag essen. Rechts von Koko führte eine Holztreppe in den oberen Stock. Hier unten waren sie schon, überlegte Koko. Ihr Entschluss stand sofort fest. Sie musste die Gelegenheit nutzen, den oberen Stock zu erkunden. Wann sonst, wenn nicht jetzt, würden sie die Gelegenheit dazu haben? Holztreppen knarren und knarzen für gewöhnlich, das wusste Koko, und auch, dass es Humboldt schwerlich mit Durst erklärbar war, wenn er sie im oberen Stock erwischte. Doch das Risiko musste sie wohl eingehen. Ganz vorsichtig setzte Koko einen Fuß vor den anderen auf die Treppenstufen und belastete ihn. Eine gute Treppe – außer eines leisen Stöhnens war nichts zu hören. Koko war stolz auf ihre Schleichqualitäten. Selbst im Bogen der Treppe knarzte nichts. Sie hangelte sich das Geländer entlang, bis sie am oberen Treppenabsatz angelangt war. Wieder hielt sie inne. Sie lauschte gespannt in das Haus. Nichts. Sie ließ ihren Blick schweifen. Der Gang teilte das obere Stockwerk in einen vorderen und einen hinteren Bereich. Koko vermutete, dass nach vorne hinaus die Schlafzimmer und nach hinten eher die Badezimmer lagen. Alle Türen waren zu, sodass ihr keine Wahl blieb, als Tür um Tür aufzumachen und zu hoffen, dass dahinter nicht ein schlafender Humboldt lag. Sie begann rechtsrum und fand ihre Vermutung umgehend bestätigt.

Die erste Tür zu ihrer rechten Seite war das Badezimmer. Große bunte Fliesen, wie man sie früher gerne für Bäder nahm, lachten Koko entgegen. Zwei Waschtische, eine Dusche und eine Badewanne. Nur bei einem der Waschtische stand eine Zahnbürste, nur bei einem hing ein Handtuch. Sonst war das Bad kahl und leer, als ob es erst auf den Einzug der Hausbewohner warten würde. Koko schlich weiter. Es folgten das WC und die letzte Tür auf dieser Seite des Flurs. Diese entpuppte sich als begehbarer Kleiderkasten. Ein begehbarer Kleiderkasten, dessen Fächer und Hängestangen gähnend leer waren. Nur auf einer der Stangen hingen drei Hemden und eine Jacke, Humbolds Hemden, wie Koko vermutete. Sonst war nichts in diesem Ankleidezimmer. Koko wandte sich um. Sie begann die Türen nach vorne hinaus zu inspizieren. Nach jeder geöffneten Tür hielt sie gespannt inne und horchte wieder, ob sie von unten oder draußen einen Laut vernahm. Ein Jugendzimmer voller Sachen. Hier schien einer von Humbolds Jungs gewohnt haben. Das Zimmer sah aus, als ob wer auch immer hier gewohnt hatte gerade eben nur für einen Moment das Zimmer verlassen hätte. Koko ging vorsichtig in das Zimmer hinein. Durch die große Balkontür warf die Sonne ihren Schein auf den Holzboden und Koko konnte die Staubschicht sehen, die sich am Boden gebildet hatte. Vermutlich war schon länger keiner mehr in dem Zimmer gewesen.

„Verdammt", dachte Koko, ihre Fußabdrücke würden ihr Eindringen verraten. Ohne Rücksicht auf Geräusche eilte Koko zurück ins Badezimmer, schnappte sich den dortigen Besen und begann im Kinderzimmer vom Balkon her den Boden zu wischen. Nicht nur den Garten, jetzt machen wir ihm auch noch den Haushalt, dachte Koko bei sich. Sie zog die Tür zum Kinderzimmer von außen wieder sorgfältig zu und brachte den Besen in das Bad zurück. Das nächste Zimmer war Humbolds Schlafzimmer. Koko schwang die Tür auf. Da knallte es am Flur links von ihr. Sie erstarrte.

Beste Freunde?

Als Anna Maria und Roger das Caféhaus verließen, durfte man annehmen, dass sich zwei Freunde gefunden hatten. Anna Maria und Roger verabschiedeten sich, Roger küsste Anna Maria auf die Wange und sie vereinbarten bald ein nächstes Treffen. Sie hatten den ganzen Vormittag über kein Wort mehr über Pye und seinen Unfall verloren, geschweige denn über die Laborbefunde. Vielmehr entdeckten sie so viele Gemeinsamkeiten, gemeinsame Bekannte, Interessen und sogar einige gemeinsame Erlebnisse in ihrer Jugend, bei der sie vermutlich schon mehrfach aufeinander getroffen waren. Selbst beim Musikgeschmack fanden die beiden ungeahnte Gemeinsamkeiten, sodass sich zumindest eine Freundschaft anbahnte. Roger ging die paar Schritte zu seinem Wagen und stieg ein. Anna Maria öffnete vor dem Einsteigen zuerst die Fahrertür ihres Autos um den Schwall heißer Luft entweichen zu lassen. Die Vormittagssonne hatte das Wageninnere kräftig aufgeheizt. Selbst wenn die Sonne von einem Wolkenband abgeschirmt wurde, konnte sich das Wageninnere unangenehm aufheizen. Früher hatte Anna Maria einfach die Seitenscheiben ihres Autos unten gelassen, selbst während sie einkaufen ging oder um kurz etwas zu erledigen. Seit ihr bei einer dieser Gelegenheiten Unbekannte ihr ganzes Auto ausgeräumt hatten, achtete sie genau darauf, dass alle Scheiben geschlossen waren, und auch das Auto gewissenhaft zu versperren. Im Grunde hatten die Unbekannten damals nichts an großem Wert entwenden können. Sie neigte von jeher nicht dazu, wertvolle Dinge wie zum Beispiel einen Fotoapparat oder ein Handy, Laptops oder dergleichen unordentlich im Auto umher zu kutschieren. Dennoch ärgerte es sie, den Dieben eine Gelegenheit geboten zu haben, ihre Sachen zu durchwühlen. Es spiegelte zudem ein wenig charmantes Bild der Entwicklung ihres Ortes wider. Früher, in ihrer Jugend, hätte sie das Auto immer und überall unversperrt mit offenen Seitenscheiben parken können, ohne dass etwas passiert wäre. Auch wenn der Ort zu groß war, dass jeder jeden kennen konnte, so wusste doch jeder in etwa, woran er mit seiner Wohngegend war. Es gab manchmal Jugendliche, die in kleinen Cliquen durch den Ort zogen und Unsinniges anstellten, aber eben Unsinn und keine Einbrüche oder schwerere Straftaten. Heutzutage hatte sich dieses Ortsbild geändert. Auch wenn Anna Marias Wohnstraße südlich der Schule noch zu den ruhigeren Gegenden zählte, so war sie sich doch bewusst, dass es inzwischen in ihrem Ort auch andere Gegenden mit durchweg üblem Ruf gab.

Roger startete seinen Wagen, setzte den Blinker und scherte mit seinem Cadillac aus der Parklücke. Der Wagen gurgelte wie ein durstiges Pferd, als Roger auf's Gaspedal trat und an Maria vorbeizog. Er winkte und Maria, die noch immer darauf wartete, dass sich der Wagen abkühlte, winkte zurück. Der Cadillac fuhr an ihr vorbei. Ein Erbstück, wie ihr Roger erzählt hatte, mit schon ordentlich Lenzen auf dem Buckel und mehr oder weniger deutlichen Gebrauchsspuren. Anna Maria wollte sich gerade ins Auto setzen, als sie beobachte, wie der dunkle Buick, der hinter dem Cadillac geparkt hatte, ebenso aus der Parklücke ausscherte und sich hinter Roger in den Verkehr reihte. Es schien, als sei niemand aus dem Auto aus- oder eingestiegen. Für einen kurzen Moment wunderte sich Anna Maria, konnte in dem vorbeifahrenden Auto durch die dunklen Scheiben aber niemanden erkennen. Sie stieg ein, startete den Motor und reihte sich ebenso in den Verkehr ein. Schon wenige Meter weiter musste sie ihren Wagen wieder anhalten. Die Ampel war auf Rot gesprungen. Während Anna Maria bremste, beobachtete sie in der Ferne, wie Rogers Cadillac in die zweite Straße links einbog. Auch der Buick folgte und bog nach links ab. Noch wesentlich mehr aber wunderte sich Anna Maria über das, was sie gleich zu Gesicht bekam. Von ihr aus gesehen, von rechts kommend, brausten zwei Radfahrer die Straße herab. Sie nutzten das Gefälle der Straße und saßen tief geduckt, um möglichst wenig Luftwiderstand zu bieten. Das waren die Jungs auf ihren Rädern, die da über die Kreuzung fuhren. Pye, schoss es Anna Maria durch den Kopf, gefolgt von Jose. Eindeutig, das waren die Jungs, die hier in atemberaubendem Tempo aus der Siedlung am Hügel herab brausten, um möglichst viel Schwung mitzunehmen. Aber was um alles in der Welt machten die Jungs in dieser nicht ganz unberüchtigten Gegend? Sollten sie nicht in der Schule sein?

Der Geheimraum

Koko stand zu einer Säule erstarrt. Schweißperlen waren auf ihre Stirn getreten. Sie wagte nicht, sich zu bewegen. Sie musste sich zwingen, flach und leise zu atmen. Sie lauschte, ob sie noch etwas hörte – aber es blieb völlig still. So erstarrt hatte Koko gefühlte Stunden ausgehalten, auch wenn in Wahrheit nur wenige Sekunden verstrichen waren. Sie musste nachsehen, was das gewesen sein konnte. Vorsichtig und ganz langsam setzte sie den linken Fuß nach vorne und verlagerte ihr Gleichgewicht so, dass sie den Kopf aus dem Schlafzimmer zurück auf den Flur schieben konnte. Niemand war an ihr vorbeigekommen, das hätte sie bemerkt. Ganz langsam schob sie ihren Kopf seitlich über den Türrahmen hinaus. Alle Türen des Flurs waren geschlossen. Da war niemand mehr. Koko vergewisserte sich. Sie drehte den Kopf nach links und rechts. Der Flur war leer. Woher war das Geräusch dann gekommen? Plötzlich erblickte sie rechts, stirnseitig am Flur ganz unten in der Tür eine kleine Klappe, die noch leicht hin und her pendelte. Eine Katzenklappe. Hatte Señor Humboldt eine Katze? Sonst hätte dieses Haus wohl keine Katzenklappe, dachte Koko bei sich selbst. Sie fasste neuen Mut. Sie schnaufte wieder normal und trat zurück auf den Flur hinaus. Wenn Humboldt eine Katze hatte, so musste diese durch eben diese Klappe gerade in diesen Raum gelaufen sein, folgerte Koko. Sie ging auf die Tür zu und begann bedächtig die Türklinke nach unten zu drücken. Als sie die Tür öffnete, staunte sie nicht schlecht. Sie betrat den schmalen Raum, der gerade breit genug war, um Platz für eine am Boden ausgerollte Matratze zu bieten. Darüber lagen zerknüllte Decken. In einer Ecke stand auf einem winzigen Schemel ein blass leuchtender Radiowecker. Der Rest des Bodens war von einigen kleinen Kleiderstößen bedeckt. Hier also schlief Señor Humboldt, folgerte Koko und sah darin die Erklärung, warum die anderen Räume im Oberstock so seltsam unbewohnt wirkten.

Dies war Humboldts Schlafplatz. Neben dem Schemel mit dem Radiowecker stand noch eine kleine Stehlampe, die fast bis an das tief herabgezogene Dach heranreichte. Daneben lagen unordentlich einige Bücher. Das musste der Dachstuhl über der Garage sein. Koko suchte den Raum nach der Katze ab. Keine Katze. Aber das war unmöglich. Die Katze musste hier herein gelaufen sein, sonst hätte Koko sie am Flur gesehen. Wenn die Katze aus dem Raum getürmt wäre, als Koko eintrat, hätte sie das ebenso bemerkt. Das war unmöglich. Die Katze musste hier drin sein. Koko musterte den Raum, suchte nach Zu- und Ausgängen, groß genug für eine Katze, um hindurch zu schlüpfen.

Da, wieder eine Katzenklappe. In einem der Holzpaneele, mit denen die Rückwand des Raumes ausgeschlagen war, fand Koko eine zweite. Ungewöhnlich, dachte sie sich und stieg mit einem großen Schritt über die Matratze, um näher an die Klappe heranzukommen. Als sich Koko nach unten beugte, um durch die Klappe durchzusehen, sah sie den Spalt. Einige der Paneele bildeten mit der Planke, in der die Klappe befestigt worden war, einen Verband, eine Einheit. Koko rüttelte vorsichtig an diesen Paneelen und staunte nicht schlecht, als diese nachgaben und wie eine Tür aufschwangen. Dahinter lag ein weiterer Raum. Ganz anders als die anderen Räume. Zwei Dachflächenfenster erhellten den Raum. In seiner Mitte stand ein Schreibtisch, davor ein Drehstuhl. Die Wände waren sämtlich mit Kork bezogen. Auf diesen Korktafeln reihten sich hunderte, tausende Fotos und Zeitungsausschnitte. Koko konnte gar nicht erfassen, wie viele das sein mussten. unendlich viele Bilder und Zeitungsausschnitte, angepinnt mit bunten Nadeln. Manche der Bilder trugen Bezeichnungen, die mit Edding darauf geschrieben worden waren, bei manchen hatte jemand – vermutlich Humboldt – Teile mit einem bunten Stift eingekreist. Bei manchen klebten kleine Zettel dabei, mit Texten aus dem Drucker. Viele der Bilder waren in schwarzweiß. Koko schloss daraus, dass es sich um alte Bilder handelte. Andere Bilder waren fein gerastert, offenbar aus einem Magazin oder einer Zeitung herausgeschnitten.

Koko schwirrte der Kopf. Sie versuchte, den Inhalt der Bilder zu erfassen, aber es schien, als wären die Bilder nicht mit Themen versehen. Sie zeigten Landschaften, Menschen, Wälder, waren scharf bis ins Detail, dann wieder unscharf, sodass Koko nicht einmal erahnen konnte, was sie darstellen sollten.

In der Mitte des Raumes saß die Katze. Sie beobachtete jede einzelne Bewegung von Koko. Koko hockte sich hin und wollte die Katze anlocken. Doch entweder hatte sich Koko zu schnell bewegt oder die Katze war keine dunkelhäutigen Menschen gewohnt. Ehe sich Koko versah, war die Katze in einer weiteren Katzenklappe verschwunden, die vermutlich nach unten in die Garage führte. Eine halbe Sekunde später hörte Koko einen spitzen Schrei von Elenie. Kein Warnruf, sondern Ausdruck des Erschreckens. Offenbar war Elenie gerade in der Garage gewesen, um sich ein anderes Werkzeug zu holen, als sie plötzlich über die Katze stolperte.

„Elenie?", rief Koko durch die Katzenklappe. Stille. „Hier, ich bin hier oben."

„Koko?", rief Elenie zurück. „Was zum ..."

„Ich habe hier etwas reichlich Eigenartiges entdeckt", rief Koko zu Elenie nach unten.

Diese antwortete nur: „Scht ..., ich glaube, da kommt Humboldt."

Was zum Henker ...

Der Asphalt die ganze Straße hinunter war eine Wohltat für alle Anwohner. Endlich konnte man ohne Schlaglöcher, ohne Staubwolken oder bei Regen ohne Schlamm nach Hause fahren. Anna Maria genoss die Zufahrt nach Hause sichtlich. Eigentlich hätte sie allen Grund gehabt, zufrieden mit sich und der Welt zu sein. Den Vormittag hatte sie mit einem neuen Freund verbracht, der sich noch dazu als ausgesprochen zuvorkommend und kultiviert entpuppt hatte, und endlich hatte die Stadtverwaltung ihre Straße geteert. Doch Anna Maria war gar nicht zufrieden. In ihrem Kopf spukten die Bilder von Pye und Jose auf ihren Drahteseln herum, wie sie über die Kreuzung rasen, während sie die beiden eigentlich in der Schule wähnte. Zudem war ihr auch das Bild und das eigenartige Verhalten von dem dunklen Buick in Erinnerung geblieben. War das Zufall? Oder verfolgte der Buick ganz bewusst Roger? Hatte Roger das Auto überhaupt bemerkt? Vielleicht sollte sie ihn anrufen, andererseits schien ihr das schon fast etwas paranoid.

Sie parkte den Wagen in der Auffahrt zu ihrem Haus, nahm die Einkäufe, die sie auf dem Heimweg noch rasch besorgt hatte, unter den Arm und stieg aus. Mit dem rechten Fuß kickte sie die Autotür zu, während sie mit der freien Hand nach dem Haustürschlüssel angelte, ihn aber nicht zu fassen bekam. Auf der Veranda hörte sie, wie drinnen der Anrufbeantworter ansprang und eine Nachricht aufzeichnete. Als sie den Schlüssel zu fassen bekam, war es zu spät. Der Anrufer hatte bereits seine Nachricht hinterlassen und aufgelegt. Anna Maria stellte die Einkäufe in der Küche ab. Sie ging zurück, um die Haustür zu schließen. Da war er wieder. Der Buick fuhr geradewegs vor ihrem Haus die Straße entlang. Anna Maria stutzte. Es schien dasselbe Fahrzeug zu sein. Verdunkelte Fenster, die gleiche dunkle Farbe. Andererseits hatten viele Vans dunkel verspiegelte Fenster und niemand kaufte sich einen Van in einer Quietschfarbe. Es konnte daher auch nur ein belangloser Zufall sein.

Anna Maria zupfte den Vorhang an dem Haustürfenster zurecht. Sie blinzelte durch den schmalen Spalt dem Van noch einmal nach. Wieder läutete das Telefon. Diesmal war Anna Maria mit zwei Schritten am Apparat und nahm ab:

„Hallo?"

Kurze Stille auf der anderen Seite des Anrufers, dann meldete sich die Anna Maria wohlbekannte Stimme: „Ah, da bist du ja. Ich hatte eben schon einmal angerufen und auf den Anrufbeantworter gesprochen, doch ich habe etwas vergessen. Gut, dich jetzt persönlich zu sprechen."

„Hallo Papa, was gibt's?", raunte Anna Maria wenig erfreut über den Anruf ins Telefon.

Humboldt überrascht sie

„Na das ist aber eine Überraschung“, tönte Señor Humbold, als er Elenie in seiner Garage sah. Er trug in beiden Händen große Tüten, in denen sich die Ränder von unzähligen Konservendosen abzeichneten. „Was machst du denn hier?"

„Ich ... wir haben im Garten weiter gearbeitet.“ Und kaum, dass sie „wir“ gesagt hatte, hätte sie sich am liebsten die Zunge abgebissen. Verdammt. Sie musste Humboldt vom Haus wegschaffen, damit Koko eine Chance hatte, zu entkommen. Humboldt kam immer näher.

„Soll ich die Taschen reintragen?“, bot sich Elenie in der Hoffnung an, Humboldt würde dann vielleicht gar nicht ins Haus gehen.

„Nein lass nur, Elenie. Die Taschen sind schwer“, schnaufte Humboldt und marschierte schnurstracks weiter auf die Garage zu. Was sollte Elenie nur tun? Ihr musste etwas einfallen, und zwar jetzt, hier und sofort. „Ich mach das schon“ versuchte Elenie mit einem Schritt auf ihn zu, ihn doch noch zu überreden, dass er ihr seine Taschen aushändigte.

„Nein lass nur, ich sagte doch, sie sind dir zu schwer. Wo sind deine Freunde? Ich darf annehmen, dass du nicht allein fleißig warst?“

Elenie zögerte für einen Moment.

„Hier, ich bin hier“, rief Koko und kam über die Wiese vor dem Haus einen großen Ast hinter sich nachziehend auf Humboldt und Elenie zu. Beide waren überrascht. Elenie verdrehte die Augen und war verwundert und beruhigt zugleich.

„Hallo Señor Humbold“, grüßte Koko. Sie ließ den dicken Ast vor die Garage plumpsen. Beiden, Elenie und Koko, standen Schweißperlen auf der Stirn.

„Na, ihr seht aber wieder so aus, als ob ihr ordentlich Durst hättet. Wartet, ich stelle schnell die Tüten ins Haus und bringe euch Saft heraus.“

Humboldt trug die Tüten an Elenie vorbei in die Garage und verschwand in der Verbindungstür zum Haus. Als die beiden Mädchen die Tür zufallen hörten, hob Elenie fragend die Schultern und forderte Koko so zu einer Erklärung auf.

„Ganz einfach“, lächelte Koko. „Vor dem Kinderzimmer steht eine Wisteria, ich bin durch die Balkontüre raus, habe sie von außen zugezogen und bin über die Wisteria nach unten … na ja, mehr gefallen als geklettert.“

Koko verwies dabei auf den langen Ast, den sie hinter sich herzog und der offenbar ein Teil der Wisteria war. Er war bei Kokos Kletterversuch abgebrochen.

Auch auf der anderen Straßenseite zog jemand seine Augenbrauen voller Staunen hoch. Was er da gerade durch das Fernglas beobachtet hatte, war höchst ungewöhnlich und interessant. Chavrez setzte das Fernglas ab: Da war ein Mädchen, offenbar jene Freundin, die bei Elenies Geburtag mit eingeladen war, in Windeseile aus dem Haus auf den Balkon gehastet. Sie hatte sich über das Geländer geschwungen und war dann mitten in die sich zum Balkon hochgerankte Wisteria gefallen. Denn klettern konnte man das nicht nennen. Chavrez setzte den Fernstecher wieder an und beobachtete weiter. Humboldt war mit je einem Saft in den Händen wieder bei den Mädchen in der Garage erschienen. Chavrez hätte zu gern gewusst, was die drei da zu besprechen hatten. Was hatten die Mädchen bei Humboldt im Haus zu suchen? Elenie hatte sich seines Wissens zuvor nie um Humboldt gekümmert. Selbst wenn Humboldt bei ihnen arbeitete, mied sie seine Nähe, was angesichts seines Rufes, sich nächstens umzutreiben, ja kein Fehler war. Und nun das. Seine Elenie samt ihrer Freundin durchstöbern Humbolds Haus, während dieser offenbar nicht zu Hause war. Chavrez setzte den Fernstecher wieder ab. Er ging in Gedanken den Tag des Geburtstages noch einmal durch. Die neuen Freunde von Elenie. Mochten diese mit dem plötzlichen Interesse Elenies an Humboldt zu tun haben? Seine Augen musterten misstrauisch die Regale in seinem Arbeitszimmer. Kam ihm irgendetwas hier verändert vor, waren Elenies Freunde auch hier neugierig gewesen?

Auf dem Schulhof

Beim ersten Glockenschlag für den Nachmittagsunterricht preschten die Jungs Jose und Pye mit ihren Rädern auf den Pausenhof. Pye voran sprangen die beiden von den Rädern und stellten sie in den Radständer. Beim letzten Glockenschlag bogen Elenie und Koko in den Hof. Auch sie sprangen von den Rädern, die sie aufgrund der Eile unabgesperrt stehen lassen mussten. Sie liefen den Jungs hinterher, die Treppe in das Schulhaus hinauf und den Flur entlang, der sich schon geleert hatte. Schließlich saßen die anderen Schüler bereits in den Klassen. Einmal rechts um die Ecke und noch wenige Meter – geschafft. Die zwei Jungs und die zwei Mädchen stürmten in die Klasse auf ihre Plätze, als im gleichen Moment Frau Weissviel die Klassenzimmertür hinter ihnen zufallen ließ. Kapp, aber geschafft.

Die vier tauschten noch kurz Blicke aus, ohne einander dabei etwas über ihre Missionen mitteilen zu können. Das musste bis nach den Stunden warten, denn nun war ihre Aufmerksamkeit durch Frau Weissviel und den trägen Stoff der Algebra gefordert. Die Stunden vergingen geradezu quälend langsam. Während Elenie und Pye sonst eigentlich beide in Algebra glänzten, konnten sie heute auf die Fragen von Frau Weissviel kaum erhellende Antworten geben. Beide waren mit ihren Gedanken bei den Missionen. An Koko und Jose hatte Frau Weissviel ohnedies keine hohen Erwartungen bei Algebra. Jose war nicht schlecht in Mathematik, er interessierte sich schlicht wenig für Formeln und Berechnungen, um nicht zu sagen, er war wohl eher praktisch veranlagt. Koko hingegen bemühte sich, Formeln und deren Berechnungsmethoden zu lernen, doch irgendwie fand sie nicht den rechten Zugang zu dieser Materie. Wenn es den Anschein hatte, sie hätte eine Formel, deren Ableitungen und Anwendungen verstanden, so stellte sich nicht selten heraus, dass Koko sich trotz guten Gefühls irrte. Mathematik war nicht ihre Stärke.

Der Minutenzeiger auf Kokos Uhr bewegte sich in Zeitlupe. Frau Weissviels Ausführungen an der Tafel schienen kein Ende nehmen zu wollen. Als nach zwei Stunden endlich die Pausenglocke den Nachmittagsunterricht beendete, versammelten sich die vier unten am Schulhof unmittelbar bei den Rädern. Jose wollte schon anfangen, über ihre Mission zu erzählen, da stoppte ihn Koko: „Nein, wir werden das nicht jetzt und hier besprechen. Folgt mir in unser Hauptquartier."

Koko und Elenie hatten sich schon auf die Räder geschwungen, sodass Pye und Jose keine Wahl hatten.

„Folgt mir auf unseren Dachboden", rief Koko und trat in die Pedale. Elenie wartete, bis Jose und Pye ebenfalls aufgestiegen waren, und dann preschten die drei hinter Koko her in Richtung ihres Zuhauses. Die neue Straße machte sich nicht nur wegen des fehlenden Staubs oder Schlamms bezahlt. Man konnt nun von der Schule kommend die zwei Querstraßen in ihrem Viertel mit vollem Schwung entlangbrettern und zu guter Letzt den ganzen Schwung aus diesen Straßen mit auf den neuen Asphalt nehmen. Der Schwung reichte selbst ohne Treten aus, um in beinahe mörderischem Tempo an Pyes zu Hause vorbei die ganze Straße entlang bis zu dem geraden Auslauf und damit vor Kokos Haus zu gelangen. Die Freunde duckten sich. Sie pressten sich flach auf die Lenker, um der Luft möglichst wenig Widerstand zu bieten. Doch Kokos Vorsprung war nicht mehr einholbar. Jose konnte nur noch ein paar Meter gut machen und Koko erreichte mit deutlichem Vorsprung das Hauptquartier.

Pye hatte sich zurückgehalten. Als er sein Zuhause passierte, spürte er ein eigenartig mulmiges Gefühl. Anna Maria war schon zu Hause. Ihr Auto stand in der Einfahrt. Pye hoffte, sie würde nicht gerade eben aus dem Fenster sehen, wenn er mit halsbrecherischem Tempo daran vorbeibrauste. Er riskierte einen seitlichen Blick, konnte Anna Maria aber nicht entdecken.

Im Hauptquartier

Großvater schob Wache. Das bedeute, Koko hatte ihn gebeten, Großmutter unten an der Treppe abzufangen, falls sie mit Limonade oder Jause versuchte, das Hauptquartier zu stürmen. Es gab Wichtiges zu besprechen. Koko war sich nicht sicher, ob Großmutter ihre Limonaden, Kuchen und Jausenlieferungen nicht heimlich dazu nutzte, die Geheimbesprechungen der Freunde auszuspionieren. Großvater hielt sich aus diesen Dingen raus. Koko würde nicht behaupten, dass er sich nicht kümmerte, aber er wusste, wann es besser war, hinzusehen oder hinzuhören, und wann es besser war, sich nicht einzumengen. Elenie war noch nie in dieser Gegend und ganz sicher nicht in dieser Straße gewesen. Sie war noch nie zuvor bei Koko gewesen. Elenie musste sich eingestehen, dass sie die Gegend nicht gerade einladend fand. Während in ihrem Viertel vor allen Häusern schöne, gepflegte Gärten lagen, oft umzäunt von Ziegelzäunen, reichten hier die Veranden bis fast an die Straße heran oder ihnen war nur kahler Rasen vorgelagert. Kein Zaun, keine Einfriedung. Jeder Passant konnte bis unmittelbar an das Haus heranschleichen, so er oder sie wollte.

Die Freunde setzten sich im Halbkreis rund um den Lichtkegel, der sich durch das Dachgiebelfenster auf dem Holzboden abzeichnete.

„Also, was habt ihr?“ Koko forderte Jose und Pye auf, die Ergebnisse ihres Besuches bei Rodriguez darzulegen. Wortlos legten Jose und Pye zwei Filmdosen in das Zentrum des Lichtkegels.

„Leider“, murmelte Jose.

Pye beließ es bei einem sanften Schütteln des Kopfes.

„Offenbar war auf dem Film nichts, was man als Foto noch hätte verwenden können“, unterstrich Jose die Geste. Er stieß einen leisen Seufzer nach. Elenie und Koko konnten es gar nicht glauben, dass das schon alles gewesen sein konnte. Koko nahm die leeren Filmrollen und musterte sie. „Warum sind es zwei Rollen – und wo ist der Apparat?“

Eine berechtigte Frage, die sich Pye und Jose noch gar nicht gestellt hatten. Sie hatten Rodriquez den geschlossenen Apparat gebracht, ohne Dosen. Wenn im Apparat ein Film gewesen war, so hätte Rodriquez ihnen heute eine Dose mit dem geborgenen Film und allenfalls die belichteten Fotos geben müssen.

„Das ist in der Tat“, Pye stockte und ärgerte sich sichtlich, dass er nicht eher daran gedacht hatte, das zu hinterfragen, „merkwürdig“, beendete er den Satz und dürfte ein betretenes Gesicht dazu gemacht haben. Jedenfalls rempelte ihn Koko aufmunternd an und meinte dann an Jose gerichtet: „Wir können ihn doch anrufen, deinen Onkel, oder nicht?“

Jose wollte gerade antworten, als Kokos Großvater unten an der Treppe lauthals protestierte und damit die Freunde vor der Jausenüberraschung warnte. Sofort bedeckte Koko den Apparat samt der Filmdosen und die Freunde wechselten das Gesprächsthema. Als Großmutter mit einem Tablett Kuchen und Limonade eintrat, diskutierten die Freunde längst das Geografiereferat für die Schule.

„Na, ihr habt doch sicher Durst und Hunger?“, stellte Großmutter das Tablett auf den Hocker neben den Freunden.

„Danke“, tönte es einstimmig aus Elenies, Pyes, Joses und Kokos Mund, sodass sie zugleich lachen mussten. Als Großmutter wieder nach unten verschwunden war, machten sich die Freunde daran, weiter über ihre Aufträge zu berichten. Koko verrenkte sich gelenk nach vorne, um aus ihrer Hosentasche ein flaches Lederetui zu ziehen. Mit diesem wackelte sie vor den Augen der anderen ungestüm in der Luft herum. Kurz kostete sie die fragenden Blicke der Freunde aus, ehe sie mit ihrem Bericht begann. Sie schilderte minutiös ihren Einbruch bei Mister Salamanders Haus. „Und dann, das könnt ihr euch gar nicht vorstellen, stehe ich in diesem Dachraum über der Garage. Die Wände sind über und über mit teils sehr alten Fotos, mit Zeitungsausschnitten und dergleichen beklebt.“ Sie hielt inne. „Merkwürdige Bilder, auf vielen ist kaum etwas zu erkennen und die Zeitungsausschnitte, soweit ich das überblicken konnte, handelten alle von ungewöhnlichen und ungeklärten Ereignissen. Teils von hier aus der Gegend, teils von ganz anderen Gebieten."

„Welchen Ereignissen?", wollte Elenie umgehend wissen.

„Von UFO-Sichtungen, von unnatürlichen Phänomenen, von verschwundenen Menschen und wohl auch von Regierungsuntersuchungen. Ich hatte ja nur einen Augenblick zeit, ehe uns Salamander überraschte", fügte Koko entschuldigend für ihre unpräzise Berichterstattung hinzu. „Doch", Koko intensivierte das Wedeln mit dem Lederetui vor den Nasen der anderen wieder, „Es ist mir gelungen, dies hier mitzunehmen."

Mit ein paar Handgriffen klappte sie geschickt das Lederetui auf und zog ein kleines, aber altes Foto daraus hervor. Im gleichen Augenblick stockte sie, ihr Gesicht schien zu erstarren und ihre Finger suchten das Etui nach etwas ab.

„Scheiße", entfuhr es Koko. Die anderen schauten sich fragend gegenseitig an. „Ich habe dieses Foto mitgehen lassen", sagte Koko resigniert und ganz langsam traten Tränen in ihre Augen. „Und dabei habe ich wohl in Salamanders Dachboden etwas verloren ..." Koko schluchzte: „Es war das letzte Bild meiner Eltern."

War das das Ende? Wenn Salamander Kokos Bild finden würde, wären sie enttarnt und er wüsste, dass sie in seinem Haus gewesen waren. Er würde ihnen ganz sicher nichts mehr von seiner Familie erzählen und ihre Nachforschungen wären zu Ende.

Roger und Anna Maria

Die Tage bis zum Schulfest zogen sich. Anna Maria hatte sich in der letzten Zeit öfter mit Roger getroffen. Manchmal gingen sie aus, manchmal kam Roger zu Anna Maria und Pye nach Hause zu Besuch. Gelegentlich aßen sie gemeinsam zu Abend. Pye beobachtete, wie Roger und Anna Maria immer bessere Freunde wurden. Wenn Roger länger blieb und Pye schon im ersten Stock im Bett lag, konnte er seine Mutter und Roger unten im Wohnzimmer reden hören. Sie hatten sich viel zu erzählen, sie ließen Musik laufen, die sie beide gut fanden, und dazwischen lachten sie. Er freute sich für Anna Maria, denn es schien ihr gut zu tun. Auch Roger fühlte sich wohl. Selbst Jose waren die häufigen Besuche Rogers bei Anna Maria und Pye schon aufgefallen. Schließlich stand immer öfter der Cadillac vor Pyes Einfahrt.

„Sie scheinen sich gut zu verstehen", versuchte Jose mehr über die neue Freundschaft herauszubekommen.

„Ja, es läuft gut. Sie mögen die gleiche Musik, sie haben viele gemeinsame Themen. Roger hat mir erzählt, dass er selbst hier im Ort aufgewachsen ist."

„Hat er keine Familie, oder eine Freundin, vielleicht sogar Kinder?"

Pye schwang sich auf sein Rad. „Nicht, dass ich wüsste. Er hat einige Zeit in Monterrey studiert. Da blieb ihm nicht viel Zeit für Familie oder Freundin. Er erzählt wenig über seine Familie. Immer wenn das Gespräch in diese Richtung geht, wirkt er betreten. Aber er hat wohl einen Vater hier in der Gegend, um den er sich kümmert."

Jose trat in die Pedale und Pye folgte ihm.

„Er gefällt deiner Mutter, nicht wahr?"

„Er ist nett", wich Pye aus. Doch er wusste, das Anna Maria Roger mehr als nur nett fand. „Sieh mal, dort vorne ist Koko", lenkte er das Gespräch auf ein anderes Thema.

„Zumindest fährt er ein cooles Auto“, insistierte Jose.

„Ist ein Auto der Familie, etwas nostalgisch, wenn du mich fragst, aber meiner Mutter gefällt der Wagen.“

„Hallo Jungs.“ Koko stellte ihr Rad quer vor die Burschen.

„Guten Morgen, Mademoiselle“, scherzte Jose und deutete eine Verbeugung an, wie er sie in alten Filmen im Fernsehen gesehen hatte.

„Was gibt es so Spannendes zu besprechen?“, wollte Koko wissen. Jose deutete mit dem Kopf schräg nach hinten, wo in einiger Entfernung der weiße Cadillac vor Pyes Haus parkte.

„Verstehe“, gab sich Koko wissend.„Du hast jetzt einen Privatarzt.“ Sie stupste Pye an, dem die Unterhaltung sichtlich unangenehm war.

„Wer weiß? Meine Mutter mag Roger. Er ist nett. Er hat uns geholfen.“

„Und er ist Arzt“, fügte Koko schelmisch hinzu.

„Ja, und er ist Arzt“, bestätigte Pye. „Lasst uns lieber über unsere Erkundungen sprechen. Gibt es etwas Neues? Hat jemand von euch eine Idee?“

Der heikle Verlust des Bildes durch Koko hatte ihren Erkundungseifer etwas gebremst. Unabhängig von der weiteren Entwicklung zwischen Anna Maria und Roger erfreute sich Pye zumindest im Augenblick weniger Aufmerksamkeit durch Anna Maria. Das war gut. Er hatte das Gefühl, dass sie nicht alle seiner jüngsten Aktivitäten mit seinen Freunden guthieß. Roger nahm Anna Marias Aufmerksamkeit in Anspruch, das verschaffte Pye etwas mehr Freiraum.

Das Schulfest

Der Tag des Schulfestes rückte näher. Die Freunde hatten sich in den letzten Tagen weniger oft gesehen. Sie wagten nicht, Koko wegen des verlorenen Bildes anzusprechen, und Jose und Pye waren sich überhaupt nicht mehr sicher, was ihre Nachforschungen denn so bringen sollten. Jose schien es zu bevorzugen, nicht mit seinem Onkel telefonieren zu müssen, was die anderen auch verstanden. Schließlich hätte er seinem Onkel einige unangenehme Fragen stellen müssen. Auch Pye war verunsichert. Er versuchte, Anna Maria bestmöglich aus dem Weg zu gehen. Er spürte, dass sie seinen jüngsten Abenteuern und Erlebnissen mit seinen Freunden skeptisch gegenüberstand, auch wenn sie nichts gesagt hatte. Und dann war da noch das verlorene Bild in Salamanders Dachboden. Die Freunde wussten nicht, ob Humboldt das Bild schon entdeckt hatte, wo Koko es genau verloren hatte und ob sich Humboldt auf das Bild überhaupt einen Reim machen konnte. Jedenfalls konnte es jeden Moment bei jedem von ihnen klingeln und ein wütender Humboldt konnte ihnen die Leviten lesen. Unter diesen Umständen war es besser, kleine Brötchen zu backen und die Vorbereitungen für das Schulfest boten ihnen eine perfekte Ablenkung von diesen Sorgen.

Ein Schulfest dauerte für gewöhnlich zwei Tage. Zwei Tage, an dem es keinen Unterricht gab. Dazu kamen noch einige Tage vorher die Stunden, die die Schülerinnen und Schüler für die Vorbereitungen benötigten. Im Zeichen- und Bastelunterricht wurden Girlanden angefertigt, im Musikunterricht neue Lieder für die Aufführungen geprobt und im Turnunterricht wurden Vorführungen geprobt oder die Girlanden im Pausenhof aufgehängt. Dabei achtete die Klassenvorsteherin Frau Weissviel tunlichst darauf, dass Pye nicht zum Aufhängen der Girlanden die höchsten Bäume und Lichtmasten zugewiesen bekam. Zu deutlich war ihr die Erinnerung seines Absturzes noch präsent. Innerhalb der letzten Tage vor dem Schulfest hatte sich der Pausenhof in so etwas wie einen Vorplatz, einen Eingangsbereich eines Zirkusses, verwandelt. An den Platzrändern hatten die Lehrer Tische aufgestellt. Dort würden die Klassen später Süßes oder Gebasteltes verkaufen. Die Schulkameraden von Koko, Jose, Pye und Elenie hatten begonnen, mit ihren Gästen, die sie zum Schulfest eingeladen hatten, anzugeben. Die Freunde hielten sich hier heraus. Das war insbesondere für Elenie ungewöhnlich. Sie war es doch gewesen, die in den letzten Jahren aufgrund der Verbindungen ihres Vaters immer besonders eindrucksvolle Gäste, oft aus der Stadtregierung oder sogar aus dem Militär, präsentieren konnte.

Rund eine Woche dauerten die Vorbereitungen, dann war alles für das Schulfest bereit. Laut Wetterbericht würde der Donnerstag und Freitag mit trockenem Wetter auch einen perfekten Rahmen abgeben. Nachdem es im Vorjahr just an den beiden Tagen des Schulfestes zu Regen, ja wahren Sturzbächen, gekommen war, präsentierte sich die Wettervorschau heuer versöhnlich.

„Willst du morgen die gebackenen Kekse selber mitnehmen oder soll ich sie mitbringen, wenn wir nachkommen?“, wollte Anna Maria von Pye wissen.

„Ich nehme sie mit“, antwortete er. Wenn die Eltern, die erst nach den letzten Vorbereitungsarbeiten eingelassen wurden, die Süßwaren mitnahmen, blieb diesen oft nur mehr der Platz, den die Kinder mit den selbst mitgebrachten Keksen nicht belegt hatten. Das war für Anna Marias Kekse unter deren Würde. Anna Marias Kekse hatten es verdient, einen Platz ganz vorne auf dem Tisch ihrer Klasse zu erhalten. Mit den Keksen im Gepäck durfte Pye früher als die anderen auf den Schulhof, um sie zu drapieren. Er genoss den noch leeren, aber fertig dekorierten Schulhof. Ihm war er so, ganz ohne Gäste, bedeutend lieber als voller Eltern und Schüler. Der geschmückte Platz erinnerte ihn an etwas, das er nicht benennen konnte, aber es löste ihn ihm beruhigende, angenehme Gefühle aus. Genau wie nach dem Fest, wenn der leere Platz noch beleuchtet, aber still und verlassen über den Trubel des Tages nachzudenken schien. Pye mochte diese Stimmung.

Sie kommen

Joses Onkel tänzelte vor den verschlossenen Toren vor Elenis Hauszufahrt ab und ab. Er wusste, dass Elenies Vater zu Hause war, schließlich hatte er angerufen und sein Kommen angekündigt. Nunmehr hatte er schon dreimal geklingelt, aber weder im Haus noch im Garten hatte sich die kleinste Reaktion gezeigt. Joses Onkel war das Warten vor dem Gartentor mehr als unangenehm. Er fühlte sich beobachtet. Er war unruhig ob dem, was er Elenies Vater gleich zu sagen hatte. Er fürchtete, dass jemand aus der Nachbarschaft ihn für einen Einsteiger halten konnte und womöglich die Polizei rief. Das war Joses Onkel Rodriguez aus verschiedensten anderen Gründen auch ordentlich unangenehm. Dabei hätte jeder Nachbar, der den ungeduldigen Zorro vor Elenies Haus beobachtete, viel eher vermutet, Zorro müsste dringend auf eine Toilette, so wie der vor dem Gartentor auf und ab, hin und her hampelte.

Endlich vernahm Zorro den Summer, mit dem die elektrische Schließe das Gartentor freigab. Er konnte es aufstoßen und eintreten. Am Haus oben empfing ihn Elenis Mutter, elegant und distanziert, wie es sich für eine Dame ihres Standes wohl gehörte. „Mein Mann ist oben, Sie kennen ja den Weg."

Sie trat zur Seite und bat Zorro ins Haus, während sie nach ihm das Haus verließ und die Tür von außen schloss. Zorro stand allein in der Eingangshalle. Ja, er kannte den Weg, zumindest war er schon ein- bis zweimal hier gewesen, um mit Elenies Vater geschäftliche Dinge zu besprechen. Aber das war stets am Vormittag während der Schulzeit gewesen. Bislang hatte ihn Elenies Vater immer hier unten in der Halle erwartet. Dieser schien Zorros Zögern zu spüren, jedenfalls tauchte er unvermittelt oben an der Brüstung auf. „Kommen Sie herauf, ich bin hier oben."

Zorro nickte. „Komme schon."

Elenies Vater führte Zorro in das Arbeitszimmer. Er bot ihm einen Sitzplatz am Schreibtisch gegenüber seines eigenen Sessels an. So genau konnte sich Zorro nicht mehr an seine vorigen Besuche erinnern. Während er der Einladung folgte, musterte er die Regale mit den Asservaten. Es schien ihm, als wären seit seines letzten Besuches ein paar Regale hinzugekommen.

„Nun, setzen Sie sich", forderte Elenies Vater Zorro erneut auf.

„Danke, und danke, dass Sie mich so umgehend empfangen."

„Sie haben am Telefon nachdrücklich die Dringlichkeit Ihres Besuches unterstrichen." Elenies Vater Chavrez machte eine kurze Pause und sagte dann: „Ich darf annehmen, es handelt sich um die gleiche Angelegenheit, wegen der wir unlängst telefoniert hatten?"

Zorro nickte. Das einfache, aber durchaus funktionierende Geschäftsmodell Zorros bestand nebst dem Handel mit diversen, mehr oder weniger erlaubten Waren auch im Verkauf von Informationen. Letztes Mal hatte ihm das Telefonat mit Elenies Vater eine hübsche Aufbesserung seines Kontos gebracht. Er hatte ihm über einen Besuch in seinem Laden berichtet. Dabei hob er den Auftrag des Besuchs und den mitgebrachten Fotoapparat hervor. Er sollte den darin enthaltenen Film entwickeln. Das wäre nun nicht gerade etwas Besonderes. Das Besondere in diesem Fall war die Herkunft des Fotoapparates: nämlich von dem gesperrten Garten rund um Kokos Haus. An diesem Garten, an diesem ganzen Haus, an allem, was damit zu tun haben konnte, hatte Elenies Vater großes Interesse. Das wusste Rodriguez. Elenies Vater hatte so großes Interesse, dass ihm jede Information rund um dieses Haus und die darin vorgehenden Dinge – ganz zu schweigen von alten, darin gefundenen Fotoapparaten – bares Geld wert waren. Natürlich war das nicht sein privates Geld. Es war Geld von der Regierung, vom Militär und es war Teil seiner Arbeit, sich mit den Geschehnissen rund um dieses Haus zu befassen. Aber warum und wieso, das durfte er nicht preisgeben, das war geheim. Wie dem auch sei, hatte Joses Onkel Rodriguez Elenies Vater umgehend angerufen, als die

Freunde den Apparat bei ihm abgegeben hatten. Dabei hatte er allerdings nur den Apparat, nicht jedoch die Namen der Kinder erwähnt.

„Sie sagen, der Apparat ist Ihnen von Kindern gebracht worden?“, erkundigte sich Elenies Vater.

„Ganz genau“, bestätigte Zorro. „Von Jose, meinem Neffen, seinem Freund, Per oder Pye oder so, einem blonden Mädchen und einem dunkeln, einem schwarzen Mädchen.“

Chavrez fixierte Zorro. Es war von Berufswegen seine Aufgabe, Zusammenhänge zu kombinieren. Jetzt, da er Joses Onkel vom Besuch dieser Kinder berichten hörte, überkam ihm eine dunkle Ahnung. Seine Augen musterten die Regale, so wie an jedem Nachmittag, als er das untrügliche Gefühl gehabt hatte, jemand wäre in sein Arbeitszimmer eingedrungen und hätte sich hier umgeschaut. Manche Dinge, so glaubte er, waren angeschaut und wieder zurück in das Regal gelegt worden, aber eben nicht genau so, wie sie zuvor dort gelegen hatten. Elenies Vater fixierte wieder Joses Onkel: „Und der Fotoapparat, der Film?“

Joses Onkel kramte in seiner Jackentasche und fischte den alten Fotoapparat hervor. „Hier, hier ist der Fotoapparat.“ Er hielt ihn triumphierend über den Schreibtisch zwischen sich und Elenies Vater.

„Und der Film, oder besser die Bilder?“

Joses Onkel senkte betreten den Blick.

„Soll das heißen, Sie haben den Film und die Bilder den Kindern ausgehändigt?“ Der Ton in Elenies Vater Stimme hatte plötzlich eine neue, unheimliche und fast bedrohliche Stimmfarbe angenommen. „Sie werden doch nicht entgegen meiner Weisung …“

Zorro schüttelte den Kopf. „Nein, natürlich nicht. Den Kindern habe ich zwei alte Filmrollen geben und ihnen versichert, dass die Entwicklung ihres Filmes nicht funktioniert hat.“

„Gut so.“ Elenies Vater Stimme hatte wieder einen versöhnlicheren Ton. „Doch wir beide wissen, dass das nicht stimmt, nicht wahr?“

Zorro nickte.

„Was war denn nun drauf auf den Bildern?“, wollte Chavrez wissen. Diesmal zuckte Zorro mit den Schultern.

„Sie wollen mir doch nicht weismachen, dass sie die Bilder nicht angesehen haben?“

„Habe ich nicht.“ Zorros Stimme klang fast entschuldigend. „Wer weiß, was auf den Bildern zu sehen ist.“ Er machte eine kurze Pause. „Und wer weiß, was Sie und Ihre Freunde mit dem machen, der diese Bilder gesehen hat“, fügte Zorro an.

Elenis Vater räusperte sich. „Dann geben Sie die Bilder schon her.“

Zorro rührte sich nicht. Elenies Vater bat ein weiteres Mal um die Bilder.

„Das ist ja das Problem, weshalb ich so unbedingt persönlich mit Ihnen sprechen wollte.“ Jetzt klang Zorros Stimme kleinlaut und leise, was in Verbindung mit der Erscheinung unfreiwillig komisch wirkte. „Ich wollte Sie persönlich treffen, um Ihnen zu sagen …“ Er zögerte und senkte den Blick erneut und fuhr dann leise fort: „Um Ihnen zu sagen, dass die Bilder weg sind.“

Zorro verstummte und auch Elenies Vater war baff. Mit dieser Nachricht hatte er nicht gerechnet.

Das Schulfest

Das Wetter war wie vorangekündigt. Nur einige wenige Wolkenbällchen zeigten sich am blauen Himmel. Ein leichter Wind ließ die Fähnchen und Girlanden am Schulhof sanft schaukeln. Alle Schüler der unteren Klassen hatten ihre Positionen hinter den Verkaufstischen bezogen, während sich langsam, aber stetig die Schüler der höheren Klassen und die Lehrer auf den Sitzreihen in der Mitte des Schulhofes versammelten.

Auch die ersten Eltern kamen den Eingang zum Schulhof herauf. Sie suchten sich Sitzplätze auf den aufgestellten Reihen. Bei den jüngeren Schülern, das konnte Pye beobachten, setzten sich die Eltern zumeist in die Nähe ihrer Sprösslinge. Je älter die Schüler waren, desto größer der Abstand zwischen den Schülern und den Eltern. Wenn diese Eltern überhaupt zum Schulfest kommen durften – schließlich fanden die älteren Schüler ihre Eltern und vermutlich sowieso das ganze Schulfest ziemlich peinlich. Elenie hatte sich neben Pye aufgestellt und beobachtete wie er die eintrudelnden Besucher.

„Welche Persönlichkeiten unsere Klassenkameraden wohl eingeladen haben?“

Pye antwortete ohne Elenie eines Blickes zu würdigen: „Viel spannender wird sein, wen wir eingeladen haben.“

„Du meinst, ob Mister Salamander nach alledem noch bereit war, unserer Einladung zu folgen?“

Pye nickte. Jose kam den Schulhof entlang. Er schlenderte die Sitzreihen entlang und steuerte direkt auf Pye und Elenie zu.

„Wir werden es später herausfinden“, beendete Pye das Thema Ehrengast. Er begann die kleinen Kuchen, Muffins und Keksteller auf dem Verkaufstisch in gleichmäßige Abstände zu rücken, sodass etwas Ordnung in ihr Angebot einzog.

„Hallo Leute“, hob Jose den Arm zu einem angedeuteten Gruß. Pye und Elenie nickten ihm zu.

„Hilf uns mal, den Tisch umzustellen“, bat Pye Jose mit anzufassen. Mit Joses Hilfe hoben und rückten sie den Tisch in einen ordentlichen neunzig-Grad-Winkel zu den Sitzreihen. Elenie verdrehte nur die Augen. Koko kam mit ihrer Großmutter und ihrem Großvater. Sie suchte den beiden unmittelbar vor dem Süßigkeitentisch ihrer Klasse zwei Sitzplätze. Pye, Elenie und Jose begrüßten die drei.

„Da haben Sie ja eine hervorragende Ausgangslage für unser süßes Angebot!“, pries Elenie die Süßigkeiten an.

„Und das werden wir auch nicht ausschlagen“, antwortete Koko und legte ihre Tasche auf einen weiteren Sitz unmittelbar neben ihre Großeltern.

„Reservier bitte noch einen Platz daneben für Anna Maria“, bat Pye und forderte auch Koko auf. „Und deine Eltern, Elenie, kommen die nicht?“

„Weiß ich nicht“, unterbrach Elenie das Falten der Servietten, mit dem sie gerade beschäftigt war für einen Moment. „Mein Vater ist sicher mit wichtigen anderen Firmensachen beschäftigt. Vielleicht kommt ja meine Mutter.“

Ihrer Stimme konnte man anmerken, dass Elenie nicht wirklich damit rechnete, ihre Familie am Schulfest zu erblicken. Dennoch nickte sie Koko zu, damit diese einen weiteren Platz in der Reihe neben ihren Großeltern reservierte. Für alle Fälle quasi.

Frau Weissviel führte den Großteil des Lehrerkabinetts an. Es schien, als sei das halbe Konferenzzimmer ihr im Gänsemarsch gefolgt. Die Lehrer setzten sich in die erste Reihe unterhalb der Bühne. Langsam, aber sicher nahm auch der Schulchor auf der Bühne seinen Platz ein. Pyes Physiklehrer Megaloandros hantierte am Rednerpult mit dem Mikrofon. Vermutlich oblag es seiner Physikerfahrung, für die funktionierende Tonübertragung vom Pult auf die Lautsprecher zu sorgen. Dabei stieß er mit dem Handrücken einen ganzen Stapel Papiere vom Rednerpult und mühte sich nun, diese auf ihrem alten Platz wieder in die ursprüngliche Reihenfolge zu bringen.

Anna Maria winkte, als sie auf den Schulhof trat, Pye zu. Gut, dachte Pye, dass die Kekse schon einen Platz haben. Er winkte seine Mutter auf den von Koko reservierten Platz.

Der Schulchor

Der Schuldirektor hatte eine launige Rede gehalten. Der Schulchor umrahmte diese mit der Hymne der Schule sowie mit einem modernen, von den Schülern ausgesuchten Stück und leitete die Rede des Schulsprechers ein. Pye und Jose stützten sich mit den Armen auf den Verkaufstisch. Koko hatte sich heimlich einen kleinen Keks von einem der Keksteller stibitzt und kaute, wann immer sie sich unbeobachtet fühlte, weiter. Elenie schüttelte unmerklich den Kopf. Sie alle, wie auch das gesamte Auditorium, lauschten den Worten des Schulsprechers aus der Oberstufe. Den Abschluss der Reden würden wie jedes Jahr die Klassen gestalten, die heuer die Schule verließen. Was das sein würde, war traditionell ein gut gehütetes Geheimnis: ein Theaterstück, eine akrobatische Einlage, eine Musicalaufführung. In den letzten Jahren waren die Klassen immer einfallsreicher geworden.

Jose und Pye rollten mit den Augen, als der Schulsprecher zu den üblichen Lobes- und Dankesworten an die Lehrer ansetzte. Da entdeckte Pye etwas Ungewöhnliches genau gegenüber von ihrem Stand. Auf der anderen Seite der Sitzreihen, im Halbschatten der riesigen Flammenbäume, die bei der Errichtung der Schule hier gepflanzt worden waren, sah Pye ein Mädchen, das nicht von dieser Schule war. Im Laufe der Jahrzehnte hatten sich die Flammenbäume zu für diese Baumart ungewöhnlichen Riesen aufgeschwungen. Bei seinem ersten Besuch in der Schule, als Pye mit seiner Mutter zur Einschreibung kam, standen die Bäume in voller, orangener Blüte. Ein eindrucksvoller Anblick, wie Pye fand. Genau im dunklen Schatten dieser Bäume, halb verdeckt von den Sitzenden am Hof, entdeckte Pye das fremde Mädchen. Das Mädchen schaute unzweifelhaft genau ihn an. Pye spürte förmlich ihren Blick. Er wusste, dass er dieses Mädchen kannte, aber es fiel ihm nicht gleich ein, woher. Das Mädchen hob die linke Hand bis zur Hüfte und machte das Escapezeichen mit den Fingern. Das Zeichen war im Schatten schwer zu erkennen, aber Pye war sich sicher, dass dieses Mädchen auf der gegenüberliegenden Seite ihm das Escapezeichen machte. Das Escapezeichen war ein an dieser Schule gängiges Handzeichen, mit dem sich Schüler – für Lehrer unauffällig – zu einem Treffen hinter dem Schulgebäude am sogenannten Lieferanteneingang verabredeten. Wie alle Schüler kannte Pye dieses natürlich. Er löste für einen kurzen Moment seinen Blick von dem Mädchen. Die Besucher des Schulfestes hatten begonnen, dem Schulsprecher zu applaudieren, weil dieser seine Rede beendet hatte. Als Pye wieder zurück über den Platz blickte, war das Mädchen verschwunden. Jose schien niemanden gesehen zu haben. Er war sichtlich überrascht, als Pye seinen Ärmel packte und ihn an den sich wundernden Mädchen Koko und Elenie vorbei weg vom Verkaufstand zog.

„Was zum … was wird das?“, zischte Jose. Pye antwortete nicht, sondern zog Jose nur noch schneller. Anna Maria bemerkte aus den Augenwinkeln, wie sich Pye und Jose davonstahlen. Sie sah auch die ratlose Miene der beiden Mädchen. Als Anna Maria den Kopf umwand, waren die Jungs schon aus dem Sichtfeld.

Elenies Familie

Anna Maria drehte sich auch noch auf die andere Seite um. Aber von Pye und Jose fehlte jede Spur. Dafür ließ etwas anderes Anna Maria stutzen. Bei ihrer Suche nach Pye und Jose glitt ihre Aufmerksamkeit über den kleinen Teil des Parkplatzes, der vom Schulhof aus einsehbar war. Zwischen den dort geparkten Autos fuhr gerade ein dunkler Buick mit getönten Seitenscheiben auf einen der noch freien Parkplätze. War das nicht der Buick aus den letzten Tagen, den sie auch vor dem Caféhaus gesehen hatte?

Elenies Blicke folgten zuerst Pyes und Joses Abgang. Dann hatte sich ihre Aufmerksamkeit auf Anna Marias Suche geheftet und ruhte nun ebenso auf dem dunklen Buick. Sie staunte nicht schlecht, als sich die Seitentür des Wagens öffnete. Aus dem Buick, den Anna Maria so unvermittelt fixierte, stieg ihr Vater. Elenie wusste gar nicht, dass er so einen Buick hatte. Vermutlich ein Firmenfahrzeug, dachte sie. Elenies Vater, Chavrez, stieg aus dem Wagen und schloss die Tür hinter sich. Er telefonierte. Aus dem Buick kletterten noch zwei weitere Männer. Den Fahrer kannte Elenie nicht. Sie hatte ihn noch nie zuvor gesehen. Doch den zweiten Mann kannte sie sehr wohl: Es war Zorro, der um das Heck des Wagens herumkam und sich neben ihren Vater stellte. Was wollten die denn hier? Elenie stupste Koko an, die sich ertappt fühlte, weil sie gerade einen weiteren Keks von dem Keksteller klauen wollte. „Schau doch!“, forderte Elenie Koko auf. Sie hatte natürlich längst begriffen, dass ihr Vater nicht wegen ihr und des Schulfestes gekommen war. Sie schienen etwas oder jemanden zu suchen. Zumindest schauten sich die Männer um. Sie verteilten sich und kamen langsam auf den Schulhof zu.

„Verdammt, wo sind denn Pye und Jose?“, zischte Koko. Elenie antwortete nicht. Sie war gerade damit beschäftigt, Ordnung in ihre Eindrücke zu bringen. Sie wusste, dass ihr Vater für die

Regierung irgendeinen Geheimkram machte. Es hatte nur gerade den Anschein, dass dieser Geheimkram mehr mit ihrer unmittelbaren Umgebung zu tun hatte, als sie das je gedacht hätte. Es schien mit ihren jüngsten Erkundungen, mit Kokos Haus, mit dem Versteck am Dachboden und auch mit Mister Humboldt zusammenzuhängen. Doch wo waren die Verbindungen?

„Sieh mal, dort!“

Koko unterbrach Elenies Gedanken mit einem festen Rempler, sodass Elenie fast vornüber auf die Verkaufspult gefallen wäre. Koko hatte die Hand ausgestreckt und zeigte schräg nach vorn. Sie zeigte irgendwohin in die zweite oder dritte Sitzreihe vor der Bühne. Was hatte Koko gesehen? Elenie wollte sich gerade bei Koko über den unsanften Rempler beschweren, da sah auch sie, was Koko so plötzlich entdeckt hatte: In der dritten Reihe, fast ganz außen, saß eindeutlich Mister Humboldt. Keiner von ihnen hatte ihn kommen gesehen. Ihr Ehrengast hatte sich einfach unter das Publikum gemischt, ohne sich bei ihnen zu melden. Er war also doch gekommen und nicht auf sie sauer, wie sie das befürchtet hatten. Doch was wollte er im Publikum? Und wo verdammt waren Jose und Pye abgeblieben?

Der Hintereingang

Das Mädchen stand angelehnt an die Rückseite des Schulhauses. Dort, wo sich sonst die Oberstufler heimlich zum Rauchen trafen. Sie hatte den Kopf gesenkt und wippte mit dem rechten Fuß zum Beat ihres Kopfhörers, auf dessen Kabeln sie herumkaute. Jose hatte sie gleich erkannt: Samanther, die schlampig gekleidete Aushilfe seines Onkels Zorro. Die Jungs liefen zu ihr. Samanther nahm den Kopfhörer ab. „Hört zu, ich glaube, das ist kein Spiel.“

Pye machte das Escapezeichen.

„Ja, ich war früher auch an der Schule“, erklärte Samanther weshalb sie das Geheimzeichen kannte. „Aber lenkt jetzt nicht ab .Hört zu, ich glaube, ihr seid da in etwas hineingeraten.“ Sie setzte den Kopfhöher ganz ab und hängte ihn sich um den Hals. „Ihr wart ja neulich bei uns im Laden und habt den alten Fotoapparat vorbeigebracht.“

Pye nickte.

„Also, kaum, dass ihr weg wart, hat dein Onkel … Rodriguez ist doch dein Onkel, oder?“

Nun nickte Jose.

„Kaum, dass ihr weg wart, hat dein Onkel begonnen, herumzutelefonieren. Ich hab das nur zufällig und auch nur zum Teil gehört. Aber immerhin hab ich so viel verstanden, dass ihr etwas wirklich Bedeutsames gefunden habt. Er hat dann später Chavrez angerufen. Das ist so ein Typ von der Regierung, dem dein Onkel manchmal Informationen und Tipps verkauft. Der war offenbar nicht gerade angetan, dass dein Onkel den Film in ein normales Entwicklungsstudio gesandt hatte, aber da war es schon zu spät. Jedenfalls musste Rodriguez Chavrez versprechen, sich sofort zu melden, wenn der Film mit den Bildern retour kommt.“ Samanther sah die ratlosen Jungs an. „Als die Bilder und der Film zurückkamen, hat dein Onkel sofort Chavrez angerufen. Ich war nur neugierig und dachte, ich werfe mal einen Blick auf die Bilder, bevor sie den Besitzer wechseln."

Samanther kramte in ihrer Umhängetasche und zog ein schmales Kuvert hervor.

„Die Filme?", stieß Jose hervor, doch Pye korrigierte ihn: „Die Bilder!"

Samanther nickte und triumphierte mit dem Etui vor den beiden Jungs. Pye wollte nach dem Kuvert greifen, doch Samanther zog es schnell zurück: „Ihr müsst euch klar sein, dass es dann kein Zurück mehr gibt."

„Hast du die Bilder angesehen?", erkundigte sich Pye.

Joses Ungeduld setzte sich durch. „Gib schon her", raunte er.

Samanther machte einen Schritt zurück und wandte sich, just als ignorierte sie Jose, an Pye: „Ja, die Bilder habe ich gesehen. Ich denke, vor allen anderen solltest du dir die Bilder ansehen und dann entscheiden, wem du die Fotos zeigen möchtest."

Pye verstand nicht, was Samanther ihm damit sagen wollte.

„Wenn ich mich täusche, gibt es eine unmittelbare Verbindung zwischen dem Inhalt dieser Bilder", Samanther wedelte wieder damit, „und deiner Familie."

Pye dachte kurz nach, als sie von der Seite der Schule jemanden noch ihnen rufen hörten.

„Ich fürchte, ich muss jetzt hier dringend weg", erfasste Samanther die Situation am schnellsten. Sie nahm Pyes Hand und steckte ihm das Kuvert zwischen die Finger. „Überlege dir gut, was du damit machst", verabschiedete sie sich. Sie lief mit eiligen Schritten über den gekieselten Weg, um auf der gegenüberliegenden Seite im Gebüsch zu verschwinden. Das Rufen nach ihnen wurde lauter. Offenbar suchte sie jemand. Pye und Jose vernahmen den Ruf nach Jose, die Stimme, die sie rief, kam ihnen bekannt vor, allerdings konnten sie nicht sagen, woher.

„Hierher, kommt hierher!" Diese Stimme kannten sie gut. Elenie hatte die rückwärtige Tür der Schulküche von innen aufgemacht. Sie winkte den Jungs zu sich, um sich im Haus zu verstecken. Das ließen sie sich nicht zweimal sagen. Keine Sekunde zu früh verschwanden Pye und Jose hinter der Tür. Elenie hatte sie wieder geschlossen und leise verriegelt. Durch das schmale, dickglasige Lichtband im unteren Drittel in der Tür konnten sie verschwommen erkennen, wer da nach ihnen gerufen hatte: Elenies Vater kam um die Hausecke gelaufen, dicht gefolgt von Joses Onkel Rodriguez vulgo Zorro. Sie hörten die beiden fluchen. Pye starrte Elenie an, doch die machte den Jungs nur wortlos das „Pst"-Zeichen, indem sie ihren Zeigefinger vor ihre Lippen hielt.

Mister Salamader

Mister Salamander fühlte sich nicht wohl hier im Kreise all dieser Menschen. Er wusste, dass er in den Augen dieser Leute ein Sonderling war, und fühlte sich dementsprechend beobachtet. Hätte ihn Roger nicht überredet, der Einladung der Kinder zu folgen, er wäre weiß Gott zu Hause geblieben. Ganz sicher wäre er auch zu Hause geblieben, hätte er ahnen können, was sich im Zuge des Schulfestes hier abspielen würde. Er hatte aus den Augenwinkeln beobachtet, wie das Mädchen unter den leuchtenden Bäumen Pyes und Joses Aufmerksamkeit auf sich gezogen hatte. Dies wäre per se ja noch nichts Besonderes gewesen, aber auch er kannte dieses Mädchen. Ein Bild von Samanther hing anseiner Wand im Garagendachboden. Sie war eine Aushilfe in Joses Onkel Rodriguez‘ Laden, drüben im Viertel am westlichen Stadtrand. Ob sie dort nur aushalf oder mit Joses Onkel gemeinsame Sache machte, das hatte er noch nicht herausgefunden. In jedem Fall war ihre Verstrickung mit den Jungs zum jetzigen Zeitpunkt interessant. Noch interessanter wurde es, als die Jungs mit Samanther verschwanden und fast im gleichen Augenblick Joses Onkel und Elenies Vater vor dem Schulhof auftauchten. Offensichtlich suchten sie die Kinder.

Der Schulchor sang das Abschlusslied. Die Eltern und Schüler applaudierten. Damit war der gemeinsame Teil des Schulfests abgeschlossen. Die jüngeren Klassen trafen sich nun in den Klassenräumen, um ihren Mitschülern die Ehrengäste, die sie einladen durften, vorzustellen. Dabei konnte jeder Ehrengast nicht nur kurz aus seinem hoffentlich spannenden Berufsalltag berichten, die Kinder hatten auch Gelegenheit zu erklären, warum sie gerade diesen Ehrengast eingeladen hatten. Mister Salamander war verunsichert, ob er den anderen Schülern in die Klasse folgen sollte, hatte er Pye und Jose doch gerade noch hinter das Haus verschwinden gesehen. Ehe er sich versah, war Koko an Mister Salamanders Seite getreten. „Sie werden doch nicht kneifen?“, rutschte es Koko heraus. „Verzeihung, ich meinte natürlich vielen Dank, dass Sie unserer Einladung gefolgt sind.“

Koko biss sich auf die Unterlippe, weil sie fürchtete, mit ihrer überfallartigen Art Mister Salamander verärgert zu haben. Erst als sie sah, dass sich seine Mundwinkel nach oben hoben und er ihr die freche Anrede nicht krumm nahm, lockerte sie den Biss auf ihre Unterlippe etwas. Humboldt langte wortlos in seine Jackettasche. Er zog das verlorene Foto von Kokos Eltern heraus und gab es ihr. „Ich denke, das ist dir bei euren Gartenarbeiten herausgefallen.“

„Kommen Sie doch“, forderte Anna Maria, die soeben an Kokos Seite aufgetaucht war, Mister Salamander auf.

„Koko, hast du die Jungs gesehen? Wir werden sie in der Klasse brauchen.“

Koko war gewissermaßen in Schockstarre. Sie war froh, das Bild zurückzuhaben. Sie nahm es Señor Humboldt aus der Hand. Zugleich stellte sich ihr damit die Frage, wo es Mister Humboldt gefunden hatte: Im Garten, in der Garage oder gar im Haus, möglicherweise im geheimen Raum über der Garage? Was wusste er? Anna Marias Auftauchen war ihre Rettung.

Anna Maria nahm Mister Salamander sanft am Arm. Sie dirigierte ihn in Richtung Frau Weissviel, die sich am Schuleingang aufgebaut hatte, um die Kinder der unteren Schulstufen in das Gebäude zu rufen.

„Danke, ich denke, Jose und Pye sind kurz hinter das Haus ..." gab Mister Salamander Anna Maria zur Antwort, als Jose, Pye und Elenie in der Tür hinter Frau Weissviel auftauchten.

„Sind sie nicht“, unterbrach Koko Mister Salamander, der einmal mehr nicht wusste, was hier vorging. Koko zeigte mit ausgestrecktem Arm Richtung Frau Weissviel.

Die Kinder schlossen sich Anna Maria und Señor Humboldt auf ihrem Weg ins Klassenzimmer an. Dabei ließen sie sich immer weiter zurückfallen. Als der Abstand zu Anna Maria und

Mister Humboldt groß genug war erzählte Koko, dass Mister Humboldt ihr das Foto zurückgebracht hatte.

„Und er hat nichts dazu gesagt?“, wollte Elenie wissen.

„Kein Wort.“ Koko zuckte mit den Schultern.

Das war beunruhigend. Ebenso beunruhigend war, dass Elenies Vater gemeinsam mit Zorro hinter ihnen her war.

„Sie suchen das hier.“ Pye hielt den Umschlag mit den Bildern hoch.

„Was ist darauf?“ Wie immer war Koko die Neugierigste. Sie erreichten den Gang zu ihrem Klassenzimmer. Anna Maria und Humboldt waren schon bei der Klassentür. Hinter den Kindern kam niemand mehr. Sie waren die Letzten.

„Das muss ich erst nachsehen“, antwortete Pye, „alleine“, fügte er noch hinzu, wie Samanther es ihm geraten hatte. „Geht schon mal vor. Ich komme gleich nach.“ Ohne zu überlegen oder anzuhalten bog Pye scharf nach rechts ab und verschwand im Mädchenklo. Die anderen Kinder blickten ihm verdutzt nach.

Im Mädchen-WC

Pye zögerte, ehe er den weißen Umschlag mit den Fotos darin näher betrachtete. Dann öffnete er die Lasche. Im Umschlag steckten sieben Bilder im Format 10 mal 15 cm, die er vorsichtig herausnahm. Den Umschlag schob er zurück in seinen Hosensack. Er betrachtete das erste Bild. Es erinnerte ihn an die Bilder, die Koko im Dachbodenversteck gefunden hatte. Auf dem ersten Bild erkannte er Anna Maria, seine Mutter. Sie lächelte zufrieden in die Kamera. Daneben stand ein Mann. Ein Mann, wie ihn Pye noch nie gesehen hatte: schlank, hochgewachsen mit glatten Gesichtszügen. Sein Kopf hatte eine etwas ungewöhnliche Form und Pye wusste, was das zu bedeuten hatte. Auch sein Kopf hatte diese leicht ungewöhnliche Form. Pye musterte den Mann, der ihn vom Bild heraus mit schmalen, leicht nach oben geschürzten Lippen anblickte. So wie Anna Maria schien auch der Mann zufrieden, ja glücklich zu sein. Pye fielen die dunklen Augen auf, doch auf der kleinen Fotografie konnte man die Details nicht all zu gut erkennen. Pye war sich sicher, dass dieser Mann – ebenso wie auch er – Besonderheiten aufwies. Besonderheiten, die sie sich teilten.

Im Hintergrund Marias und des Mannes konnte Pye unscharf den Umriss einer Scheune oder einer großen Maschine erkennen. Auf dem zweiten Bild schienen Anna Maria und der Mann gerade im Augenblick des Auslösens abgelenkt gewesen zu sein. Ihre Aufmerksamkeit war weg von der Kamera auf etwas rechts, offenbar außerhalb des Bildes, gerichtet. Auch auf diesem Bild erkannte Pye wieder das Gebilde im Hintergrund. Auf dem dritten Bild schließlich stand neben dem Pärchen sein Großvater. Der allerdings lächelte nicht. Nicht jedoch, weil er dies nicht wollte. Vielmehr schien das Bild durch einen Selbstauslöser geschossen worden zu sein und Großvater war noch nicht rechtzeitig in Position gekommen.

Pye horchte erschrocken auf. Am Gang vor dem Mädchenklo hatte er etwas gehört und für einen kurzen Moment dachte er, es würde gleich jemand die Tür zum WC öffnen und hereinkommen. Doch es war ein Fehlalarm, vermutlich nur ein paar Nachzügler, die sich noch in die Klasse beeilten.

Auf dem vierten Bild schließlich lächelten alle drei freudig der Kamera entgegen. Auf dem fünften und letzten Bild war nur mehr der Mann zu sehen, der seitlich versetzt vor dem Gebilde stand, das dadurch besser zu sehen war. Es schien doch keine Scheune zu sein, eher ein riesiges technisches Ding, an dem an einigen Stellen helle, metallische Flecken glänzten.

Pye betrachtete erneut das vorletzte Foto mit Anna Maria, Großvater und dem fremden Mann an ihrer Seite. Anna Maria und sein Großvater waren auf den Bildern noch deutlich jünger als jetzt. Anna Maria hatte sogar die Haare gänzlich anders und Großvater noch deutlich mehr Haare auf dem Kopf. Pye musterte ausgiebig den Mann an Anna Marias Seite. Konnte es sein, dass dieser Fremde, der so viele äußerliche Ähnlichkeiten mit ihm hatte … konnte es sein, dass dieser Mann sein Vater war?

Er schob das vierte Bild in seine rechte Hosentasche, während er die anderen Bilder zurück in den Umschlag steckte. Er verschloss ihn und zwängte den Umschlag samt den Bildern zwischen den Spülkasten und der WC-Wand, bis nichts mehr davon hervorlugte. Wenn es die Bilder waren, die Elenies Vater so dringend suchte, würde er sie hier nie finden.

Im Klassenzimmer

Doktor Rodriguez, Roger, drückte so leise wie möglich die Türklinke zum Klassenzimmer nach unten und öffnete die Tür. Niemand hatte ihn bemerkt. Die Schüler und Eltern lauschten gespannt den Ausführungen eines Ehrengastes, dessen Beruf offenbar sehr spannend war. Doktor Rodriguez schloss ebenso leise die Tür wieder hinter sich, wobei er genau darauf achtete, sie nur anzulehnen.

Mit einem Blick hatte er Anna Marias Haarschopf ausfindig gemacht. Sie saß ziemlich mittig in der letzten Reihe, sodass er sich ihr unbemerkt von hinten nähern konnte. Sein Blick glitt über die anderen Reihen. In der vierten Reihe, von hinten gezählt, hatten Chavrez und Joses Onkel noch leere Stühle gefunden, aufgereiht wie zwei Mustereltern. Zwei Reihen davor saßen die Kinder: Koko, neben ihr deren Großeltern und nach links Elenie und Jose. Aber wo war Pye? Roger fluchte in sich hinein und schlich hinter den Reihen weiter, bis er Anna Maria erreichte. Er kniete sich ganz vorsichtig hinter sie. Er neigte dann seinen Kopf weit nach vorne, bis sein Mund fast ihr Ohr berührte: „Nicht erschrecken, ich bin es."

Er war sich nicht sicher, ob Anna Maria ihn so sofort erkennen würde, also fügte er unsicher „Roger" hinzu.

„Nicht umdrehen, nicht mucksen. Wir müssen hier weg", flüsterte er Maria ins Ohr. Maria zuckte regelrecht zusammen, als sich Rogers Stimme in ihr Ohr schlich. Aber sie erkannte die Stimme sofort und folgte seiner Bitte. Sie wusste nicht, warum Roger ihr ins Ohr flüsterte, aber sie vertraute darauf, dass er gute Gründe für seine abenteuerliche Vorgangsweise haben würde.

„Du und Pye", fuhr Roger fort zu flüstern, „seid hier in großer Gefahr. Ihr müsst hier sofort weg. Wenn ich meine Hand von deiner Schulter nehme, dann stehe bitte auf und verlass so unauffällig wie möglich die Klasse.""

Anna Maria überlegte, dann nickte sie.

„Vor allem, lass Elenis Vater und Joses Onkel drei Reihen vor dir nichts mitbekommen."

Wieder nickte Anna Maria kaum merklich. In diesem Moment hatte der Ehrengast seine Ausführungen beendet. Die Kinder und Eltern begannen zu applaudieren. Der beste Moment, dachte Roger und zog seine Hand von Anna Marias Schulter. Anna Maria stand im Schutz des Klatschens lautlos auf und schaffte es bis ans Ende der Sesselreihe. Roger ließ dabei Chavrez und Joses Onkel nicht aus den Augen. Sie schienen nichts bemerkt zu haben. Als der Applaus abebbte, blieb Anna Maria wie angewurzelt am Ende der Sesselreihe stehen. Mister Humboldt erhob sich. Offenbar war er der nächste Ehrengast. Humboldt rückte den Sessel vor sich lautstark zur Seite, um sich einen Weg nach nach vorn zu bahnen. Anna Maria nutze geschickt den Lärm, um unbemerkt bis zur Klassentür zu kommen, wo sie mit Roger zusammen stieß. Humboldt hatte das Rednerpult erreicht. Er war ein Geschenk für Rogers Fluchtpläne. Er schien verstanden zu haben, dass Anna Maria und Roger einen möglichst lauten Geräuschpegel benötigten, um das Klassenzimmer zu verlassen. Jedenfalls machte Humbold, seit er Anna Maria und Roger entdeckt hatte, unglaublich viel Lärm am Rednerpult. Er rutschte es, er räusperte sich und zog mit allerlei Firlefanz die Aufmerksamkeit des Publikums auf sich. Doktor Roger ließ unterdessen Chavrez und Joses Onkel weiterhin nicht aus den Augen. Er zog die Tür auf und schob Anna Maria vor sich hinaus auf den Gang. Hinter ihnen schloss er die Klassentür wieder ebenso lautlos, wie er sie geöffnet hatte. Dabei hätte er das gar nicht gemusst. Mister Humboldt hatte alle im Klassenzimmer in seinen Bann gezogen.

Die Flucht

„Was zum Henker soll das werden?“, zischte Anna Maria auf dem Gang. Roger schien sie gar nicht zu hören, er nahm sie mit beiden Armen an der Schulter, als ob er sie schütteln wollte. „Wo ist Pye?“

Anna Maria war verwirrt. Zuerst hatte sie angenommen, Pye wäre im Klassenzimmer und jetzt, da Roger sie aus diesem wegführte, hatte sie gedacht, Pye wäre bei ihm. „Er ist nicht bei dir?“

Roger schüttelte den Kopf und sah, wie sich bei Anna Maria Verzweiflung ausbreitete.

„Wir müssen ihn sofort finden!“, schärfte Roger Anna Maria ein, die aber stutzte. „Warum?“, stammelte sie. „Was ist los?“

Roger wollte ihr gerade klar machen, dass jetzt für Erklärungen keine Zeit sei, als vor am Ende des Ganges die Tür zum Damen-WC aufging und ihnen ein verdutzter Pye gegenüber trat.

Geistesgegenwärtig lief Roger dem Jungen entgegen, schnappte ihn am Arm und riss in förmlich den Gang entlang. „Los, wir müssen hier weg.“

Anna Maria stürzte hintendrein. Pye wusste nicht, wie ihm geschah. Roger blickte sich immer wieder um, ob Chavrez und Joses Onkel ihnen nicht doch aus der Klasse folgen würden. Aber offenbar hatten sie ihren Abgang noch gar nicht bemerkt. Roger ließ sich nicht beirren. Er drängte und zerrte weiter, bis die drei schließlich den Schulhof erreichten. Anna Maria stemmte die Arme in die Hüfte. Sie hielt im Lauf inne. Roger sah das und drehte sich um. „Bitte, ich erkläre es euch unterwegs, aber glaubt mir, ihr seid beide in größter Gefahr.“

„Weil?“, wollte Anna Maria wissen, als Roger aus dem Augenwinkel am Fenster zu Pyes Schulklasse Chavrez ausmachte. Er hatte ihre Flucht entdeckt. „Verdammt“, fluchte Roger. „Los, einsteigen.“ Er zerrte weiter an Pye und nahm auch Anna Maria an der Hand, um sie zum Auto zu ziehen.

„Sie werden euch schnappen und dann werden sie euch nicht mehr gehen lassen.“

„Wer, verdammt nochmal?“, insistierte Anna Maria, während Roger ihr die Tür zu einem fremden Kombi aufhielt und sie sanft hineindrückte.

„Los, Pye, du auch.“ Roger schob Pye fast unsanft nach und schlug die Tür des Kombis zu, als Anna Maria und Pye darin verstaut waren. Roger lief um das Auto, riss die Tür auf und sprang auf den Fahrersitz. In diesem Augenblick konnten Anna Maria und Pye beobachten, wie die Tür zum Schulgebäude aufschlug und Chavrez und Joses Onkel heraus stürmten. Roger gab Gas, sodass Anna Maria und Pye in die Sitze gedrückt wurden. Hinter dem Kombi stieg eine gewaltige Staubwolke auf. Roger raste die Straße hinab. Pye blickte sich um. Doch die Staubwolke vernebelte den Ausblick. Roger schlug mit dem Auto ein paar Haken, folgte einigen Nebenstraßen um dann mit ebenso höllischem Tempo auf den Freeway Richtung Norden einzubiegen.

Anna Maria hatte sich gefasst. „Würdest du mir jetzt bitte erklären, was das soll?“

„Wir müssen hier weg, genaugenommen müsst ihr beide hier weg und es gibt kein Zurück“, unterstrich Roger seine halsbrecherische Fahrt.

„Weg? Warum und vor wem?“, wollte Anna Maria wissen, wenngleich sie eine Ahnung beschlich, die sie nicht auszusprechen wagte.

„Sie haben euer Geheimnis entdeckt.“

Anna Maria sah das fragende Gesicht von Pye am Rücksitz.

Das Familiengeständnis

„Ich glaube, es ist an der Zeit, dir einiges zu erklären", wandte sich Anna Maria an Pye. Sie hatte sich vor diesem Tag gefürchtet und ihn zugleich herbeigesehnt. Jetzt war es an der Zeit, Pye ein Geständnis zu machen. Die Umstände in dem rasenden, bei jeder Kurve schaukelnden Auto entsprachen zwar nicht Anna Marias Idealvorstellungen für dieses Gespräch, aber es nutzte nichts. Pye erwiderte Anna Marias Blick und zog aus seinem Hosensack das Bild seiner Mutter mit dem Fremden vor der Scheune. „Meinst du deshalb?"

Anna Maria nickte und zog selbst ein ganz ähnliches Foto aus ihrer Geldtasche. Das Bild glich den Bildern aus Kokos Dachboden. Vor allem glich es auch dem, welches Pye in der Hand hielt.

„Das", fing sich Anna Maria, „das an meiner Seite, das ist dein Vater."

Ein trockenes Schlucken Anna Marias füllte die Pause nach ihren Worten. Roger manövrierte den Wagen mit quietschenden Reifen auf die zweite Spur. Aufmerksam kontrollierte er in den Außenspiegeln, ob ihnen nicht doch jemand folgte. Aber es schien, als hätte er Chavrez und dessen Leute abgehängt.

„Wir müssen über die Grenze", warf Roger Wortbrocken zwischen Pye und Anna Maria.

„Über die Grenze? Wenn wir schon flüchten müssen, sollten wir vorher wenigstens ein paar Sachen packen. Zuhause sind auch unsere Pässe und die nötigen Papiere."

„Ihr könnt nicht nach Hause und ich auch nicht. Ich habe mir erlaubt, für euch zu packen."

Roger deutete mit dem Daumen nach hinten in Richtung Kofferraum des Kombis.

„Du warst bei uns zu Hause? Du bist bei uns eingebrochen und hast unsere Sachen gepackt?" Anna Maria blieb vor Staunen und Verstörung die Kinnlade unten hängen.

„Yeap, entschuldige, es musste alles so schnell gehen, weil dieses verdammte Mädchen Samanther eine breite Spur wie eine Stampede zu dir und Pye gezogen hat.“

Bei dem Namen Samanther horchte Pye auf.

„Erst durch die Bilder konnten Chavrez und Joses Onkel die Spur richtig aufnehmen, seither steht ihr in deren Fokus.“

„Und du wusstest das?“

Roger nickte.

„Und die anderen Kinder?“

„Die sind nicht von Belang. Sie wollen nur dich und Pye. Mein Vater hat uns dieses Auto organisiert. Es ist nicht zurückzuverfolgen. Es ist auch nicht geklaut.“

„Und der Cadillac?“

„Gehört meinem Vater“, bemühte sich Roger rasch anzufügen, um Anna Maria nicht noch mehr zu beunruhigen.

„Deinem Vater?“

„Ja, der, der uns so tatkräftig geholfen hat, aus dem Klassenzimmer zu fliehen.“

„Dieser komische Nachtschwärmer Salamander ist dein Vater?“ Anna Maria konnte es nicht glauben.

Pye mischte sich von der Rückbank ein: „Mister Humboldt ist Ihr Vater?“

„Mister Humbold, oder, wie ihr ihn nennt, Mister Salamander ist mein Vater“, bestätigte Roger. „Er folgte den gleichen Spuren wie Chavrez, nur dass bei ihm keine Regierung mit dubiosen Zielen dahintersteckt. Er wollte einfach nur verstehen, was damals mit meinem Bruder und meiner Mutter passiert ist.“

„Wie meinst du das, damals passiert ist?“ Pye wollte mehr wissen. Roger schwieg. Anna Maria faltete das Bild in ihrer Hand wieder zusammen, steckte es in das Portemonnaie zurück. Sie wandte sich wieder zu Pye um. „Er meint, was damals passiert ist, als ich deinen Vater kennengelernt habe, als so manche verrückte Dinge geschahen und schließlich du auf die Welt gekommen bist.“ Anna Maria drehte sich wieder nach vorne.

„Aber das erklärt noch nicht, wieso du bei uns eingebrochen bist, unsere Sachen mitgenommen hast und uns hier entführst."

Roger legte seine rechte Hand auf ihren Oberschenkel. „Es gab keine andere Möglichkeit und es gibt auch keine zweite Chance. Im Kombi hinten findet ihr, was auch immer ich dachte, dass ihr brauchen werdet. Im Handschuhfach sind Pässe für euch. Gut gemachte Pässe, mit denen wir über die Grenze können. Auch ich lasse um euretwillen mein Leben zurück. Auch wenn ich vielleicht nicht der weltbeste Arzt war oder eine unersetzliche Koryphäe, aber ich hatte ein geordnetes Leben. Außerdem lasse den Einzigen zurück, der aus unserer Familie noch geblieben ist, meinen Vater."

„Über die Grenze und dann?" Anna Maria führte Rogers Gedanken weiter.

„Dann fahren wir in die Hügel östlich von Los Angeles."

Anna Maria zuckte unwissend die Schulter.

„Dort hat dein Vater für dich und Pye ein Haus gekauft. Es gehört dir. Ich denke, er möchte auf diesem Weg wieder einiges gut machen, das zwischen euch in den letzten Jahren nicht so toll gelaufen ist."

Anna Maria war sprachlos. Sie hatte keine Ahnung von dem Haus. Ihr Vater hatte es mit keinem Wort erwähnt.

„Er hat es anonym über einen Makler gekauft", versuchte Roger ihre Frage vorwegzunehmen.

„Los Angeles?"

„Er sagte, dass er fest daran glaubt, dass dies der Ort ist, an den sie eines Tages zurückkommen werden."

„Aber er glaubt doch nicht an diese Dinge", widersetzte sich Anna Maria der Vorstellung, ihr Vater hätte die Geschichte um Pyes Abstammung akzeptiert.

„Da täuscht du dich. Er hat die Geschichte längst akzeptiert, aber er hielt es für den besten Schutz für dich und Pye, das alles zu leugnen. Nichtsdestotrotz hatte er Vorbereitungen getroffen. Er möchte, dass du Pyes Vater wiedersiehst und vor allem möchte er, dass Pye seinen wahren Ursprung kennen lernt."

An der Grenze

Den ganzen Weg über bis zur Grenze hatte Pye nichts gesagt. Er hatte abwechselnd das Bild in seinen Händen und die vorbeiziehende Landschaft betrachtet. „Er sieht komisch aus“, stieß er plötzlich hervor. Er verglich das Bild seines Vaters mit seinem Spiegelbild. „Er sieht aus wie ich“, fügte er noch hinzu.
Anna Maria strich Pye über die Stirn. Sie schob dabei sanft einige Locken zur Seite. „Du siehst aus wie er“, erwiderte sie und ihre Augen glänzten dabei.

„Warum sehen wir so anders aus?“

„Das ist eine lange Geschichte.“

Anna Maria wusste, dass es hier und jetzt nicht der richtige Ort war, die Geschichte zu erzählen. Sie würde Pye später in Ruhe alles noch einmal und ausführlich erzählen. Wie oft hatte sie sich doch schon in Gedanken auf den Tag vorbereitet, an dem sie Pye die Geschichte seines Vaters erzählen würde. Wie oft hatte sie schon nach der rechten Wortwahl gesucht, um Pye möglichst schonend das Unvorstellbare beizubringen. Sie hatte sich die Situation ausgemalt, in der sie Pye, wenn er denn alt genug währe, endlich die Wahrheit über seinen Vater erzählen könnte. Zugleich hatte sie sich vor diesem Tag gefürchtet. Sie hatte den Tag immer wieder vor sich hergeschoben. Pye schien das gespürt zu haben, denn deshalb hatte er sich bislang Fragen zu seinem Vater nicht zu stellen getraut. Jetzt war es so weit: In einem über die Highways brausendem Auto, auf der Flucht vor Unbekannten entsprach die Situation so gar nicht ihrer Vorstellung. Doch sie wusste, dass sie Pye jetzt die Wahrheit sagen musste.

„Dein Vater …“ Anna Maria pausierte. „Dein Vater kam von weit her und wurde doch nicht weit weg von hier, auf einem schmalen Bergrücken in Chile geboren.“ Sie bemerkte den fragenden Blick Pyes. „Seine Mutter stammte von einem fernen Volk, das weit weg auf einem zum Sterben verurteilten Planeten zu Hause war. Dieses Volk nannte sich Tien. Sie schickten einen

Kundschafter zur Erde, um hier nach einem Bodenschatz zu suchen. Mit dem Bodenschatz hofften sie, ihren sterbenden Planeten zu retten. Dem Kundschafter folgten viele der Tien, um die Bodenschätze auf der Erde abzubauen. Sie sollten die Bodenschätze nach Hause auf ihren Planeten, den sie Nibiru nannten, bringen. Als sich auf der Erde eine große Naturkatastrophe ankündigte, flüchteten fast alle der Tiens zurück nach Hause auf ihren Planeten. Sie löschten, so gut es ging, alle ihre Spuren auf der Erde. Hier zurück blieb nur eine Handvoll der Tiens. Einer von ihnen, ein Königssohn, war schwer krank. Deshalb konnte er nicht zurück nach Hause. Sie bauten ihm hier auf der Erde ein unverwüstliches Haus, damit er die Katastrophe überstehen konnte. Ihn wollten die Tiens nach dem Katazyklismus und wenn er schließlich genesen war, wieder abzuholen. Die wenigen anderen Tien, die beschlossen hatten, auf der Erde zu verbleiben, flüchteten gemeinsam mit einigen der damaligen Menschen in höher gelegene Bergregionen, um nicht von der Katastrophe erwischt zu werden."

Roger räusperte sich und wechselte den Gang. Er nahm etwas Geschwindigkeit aus der Fahrt. Jetzt, wo er sicher war, dass sie nicht verfolgt würden, wollte er möglichst wenig auffallen.

„Die Mutter deines Vaters war eine jener Tien, die beschlossen hatten, ihr Volk zu verlassen. Schon einige Zeit, bevor die anderen Tien die Erde ihrem Schicksal überließen und sie sie flüchteten, hatte sie sich mit vertrauten Menschen auf den Bergrücken in Chile zurückgezogen, wo später dein Vater geboren wurde. Sie gründete dort eine kleine Siedlung. Hier harrten sie aus. Sie und ihre Gefolgsleute überstanden die Katastrophe, die wie eine Sintflut über die Erde hereinbrach. Der Überlieferung nach wurden alle Ebenen zwischen den Bergspitzen überflutet. Fast alle der bis damals lebenden Menschen starben in dieser Katastrophe. Jene wenigen, die sich rechtzeitig auf die Höhen zurückgezogen hatten, konnten mit Mühe überleben. Darunter befanden sich deine Großmutter Tumu und dein Großvater Elbos. So kam es, dass kurz nach der Katastrophe auf in jenem Ort auf dem

Bergrücken im heutigen Chile dein Vater geboren wurde. Er war halb Mensch, halb Tien."

„Also war mein Vater so etwas wie ein Außerirdischer?" Pye unterbrach die Geschichte von Anna Maria und starrte dabei auf das Bild.

„Wenn man es genau nimmt, sind wir alle Nachfahren einer Mischung aus Tien und Menschen", suchte Anna Maria Pye zu beruhigen.

„Doch warum sehe nur ich und mein Vater dann anders aus?", bohrte Pye nach.

Anna Maria verstand, dass ihre Erzählung für Pye schwer nachvollziehbar war. „Der wesentliche Unterschied ist, dass dein Vater sehr viel von seiner Mutter geerbt hatte. Er war durch ihre Gene mit einer sehr, sehr langen Lebenspanne gesegnet. Er hatte eine für uns sehr lange Zeit zwischen seiner Geburt und seiner Rückkehr zur Erde bei seinem Volk, den Tien, auf Nibiru gelebt. Für ihn vergehen unsere Jahre wie ein Wimpernschlag. Er hat mir einmal erzählt, dass er bereits vor über 15.000 Jahren, kurz nach der Katastrophe, geboren wurde. Ich dachte, er macht einen Scherz, aber tatsächlich altern die Tien selbst über Jahrtausende kaum. Ihre Lebensspanne beträgt viele tausend Jahre, weil sich ihre Zellen immer wieder regenerieren und – so hat er mir das erklärt – die Zellen auf Nibiru auch wesentlich langsamer altern. Das hängt mit dem Sonnenumlauf Nibirus zusammen, der rund das Zehnfache unseres Erdenjahres dauert. Als sein Volk nach der Katastrophe zurückkam, um ihren verletzten Königssohn zu holen, begleitete er mit seiner Mutter die Gesandten auf den Planeten Nibiru. Seien Mutter wollte ihm bei aller Schönheit der Erde ihr Zuhause und ihre Welt auf Nibiru zeigen." Anna Maria machte eine Pause. „Kurz vor deiner Geburt war er auf die Erde zurückgekehrt. Sie landeten mit ihrem Raumschiff, das sie Rover nannten, nicht weit von unserem Zuhause entfernt, unten bei dem kleinen Wald, wo laut deinem Vater schon zuvor Erkundungsrover gelandet waren."

Roger und Anna Marias Blick kreuzten sich.

„Dort gab es dann den bedauerlichen Unfall mit Mister Humbolds Familie.“

Wieder wechselten Roger und Maria kurz die Blicke.

„Und dort lernte ich auch deinen Vater kennen.“

„Du hast dich in einen Außerirdischen verliebt?“

Anna Maria schwieg und nickte, während sich langsam eine Träne aus ihrem Augenwinkel löste und über ihre Wange kullerte. Erneut strich sie Pye über die Haare. „Ja.“

„Also bin ich ein bisschen ein Alien?!“

Pye dachte nach. Dann schob er ein „Cool“ nach.

Auf der Flucht

Sie fuhren Richtung Norden. Zu ihrer linken Seite hatte die Sonne begonnen, sich hinter den Hügeln von Los Libres zurückzuziehen. Es wurde langsam dunkel. Roger hatte sich in das Gespräch eingeklickt. „Mein Vater, Mister Salamander, wie ihr Jungs ihn nennt, hat mir immer und immer wieder die Geschichte von dem Unfall meiner Mutter und meines Bruders erzählt. Beide sind damals, als diese Außerirdischen gelandet sind“, seine Betonung des Wortes Außerirdischen gab Pye zu verstehen, dass Roger mit diesem Thema noch nicht abgeschlossen hatte, „unmittelbar bei der Landung umgekommen. Es mag ein Unfall gewesen sein, doch letzten Endes ist das egal. Sie waren tot. Die Geschichte rund um diese Außerirdischen hat im Grunde auch meinen Vater getötet. Von dem Tag des Unfalls an ließ ihn die eigenartige Geschichte nicht mehr los. Die Behörden sprachen von einem Autounfall. Mit keinem Wort erwähnten sie das Flugobjekt, den Rover, wie deine Mutter es nennt, das damals in stockfinsterer Nacht bei dem Wäldchen in unserer Siedlung aufsetzte. Sie landeten mitten auf der Straße.“

Pye glaubte, in Rogers Blick etwas Vorwurfvolles zu erkennen. Anna Maria sah das auch, sie kannte Rogers Meinung zu dem Vorfall.

„Dabei wussten die Behörden damals genau, was vorgefallen war. Aber alles war topgeheim. Sie durchkämmten die ganze Gegend. Sie stellten jede Menge Fragen. Sie suchten das Flugobjekt, das in den darauf folgenden Tagen immer wieder mal gesehen worden war. Sie suchten jene, die es vermutlich steuerten. Sie waren auf der Jagd nach deinem Vater.“

Roger übergab das Wort wieder Anna Maria.

„Der hatte sich bei uns versteckt. Wir haben ihn aufgenommen: ein Mensch, wie wir dachten, der Hilfe suchte, der eigenartig aussah, aber augenscheinlich niemandem etwas zuleide tun wollte. Sie hätten ihn ganz bestimmt eingesperrt oder Schlimmeres.“

„Eingesperrt?“, unterbrach Pye seine Mutter.

„Ja, eingesperrt, um an ihm irgendwelche Versuche durchzuführen, weggesperrt, um durch ihn an das geheimnisvolle Fluggerät heranzukommen. Die Technik der Tiens hätte sie sicher brennend interessiert.“

„Und diese Technik der Tiens wollen sie noch immer!“

Roger rümpfte die Nase. „Denk nur an Chavrez, Elenies Vater. Er ist ein Agent der Regierung und seine Aufgabe ist es, alles über den damaligen Absturz aufzusammeln. So wie mein Vater sind sie von den damaligen Ereignissen besessen. Während er verstehen will, was damals passierte und wer die Schuld daran trägt, möchten sie herausfinden, wodurch das damals passierte. Sie wollen die Technik der Tiens übernehmen. Ganz bestimmt hätten sie auch eine Menge Versuche für dich auf Lager, medizinische Tests und so ...“ Roger lächelte, um Pye zu bestätigen, dass er dies nicht zulassen würde. „Aber dazu werden sie jetzt wohl nicht mehr kommen. Jedenfalls nicht, wenn sie uns nicht finden.“

„Aber wenn dein Bruder und deine Mutter bei diesem Unfall umgekommen sind, warum hilfst du uns dann?“

Roger schwieg und tippte mit dem Finger auf das Lenkrad. „Das ist eine gute Frage. Dafür gibt es zwei Antworten. Erstens, ich helfe damit meinem Vater. Das klingt jetzt eigenartig. Nur wenn in diese Sache endlich zur Ruhe kommt, kommt auch mein Vater zur Ruhe. Nur wenn die Regierung ihre versteckten Beamten abzieht und nicht mehr an jene Vorfälle erinnert, nur dann kann er vergessen. Ich habe wahrlich alles versucht, um ihm die Geschichte auszureden. Ich habe versucht, ihm wider besseres Wissen einen normalen Unfall plausibel zu machen. Aber es ist wohl nur die Zeit und mit ihr das Vergessen, die dies schaffen können. Deshalb ist es mir wichtig, dass die Ereignisse von damals nicht wieder ausgegraben werden. Davon werden weder mein Bruder noch meine Mutter wieder lebendig. Im Gegenteil, es benebelt noch zusätzlichen meinen Vater. Die zweite Antwort ist, dass ich das hier für deine Mutter tue. Ich glaube, wir haben viele Gemeinsamkeiten. Wir haben uns in den letzten Wochen etwas näher kennengelernt. Auch wenn wir uns noch nicht lange kennen, geht sie mir nicht mehr aus dem Kopf."

Die Straßenlaternen schalteten sich ein. Der Verkehr hatte merklich nachgelassen. Pye dachte über all das nach, was er in den letzten Minuten gehört hatte. Ihm fielen die versteckten Bilder auf Kokos Dachboden ein, die Wand voller Bilder in Humbolds Haus, von der Koko erzählt hatte. Ob Roger von der Wand wusste? Der Fotoapparat aus dem alten Auto und die darauf gefundenen Bilder. Jetzt verstand er auch, warum die Bilder auf dem Dachboden versteckt waren. Jemand hatte Angst gehabt, die Bilder aus dem Fotoapparat würden eine Jagd nach seiner Familie auslösen. Vermutlich war es Großvater, der die Bilder versteckt hatte. Sie würden helfen, die Existenz seines Vaters zu beweisen und die ganze Aufmerksamkeit der Behörden auf seine Mutter und ihn lenken. Sollte sein Vater jemals zurückkehren, um ihn oder Anna Maria zu besuchen, dann würden sie darauf vorbereitet sein. Dann hätte die Regierung die Chance gehabt, seinen Vater zu fangen und all die Versuche nachzuholen, die sie damals versäumt hatten.

Plötzlich fielen Pye die Bilder auf der Toilette ein. „Es gibt da noch etwas." Er stockte, wenngleich er wusste, dass er es Roger und seiner Mutter sagen musste. „Es gibt da noch etwas, was ihr wissen müsst. Es gibt noch mehrere solcher Bilder. Auch auf diesen ist mein Vater samt uns zu sehen. Ich habe sie auf der Mädchentoilette in meiner Schule versteckt, als Chavrez uns verfolgte. Wenn sie die entdecken, wird die Jagd auf uns erneut losgehen."

„Bis dahin", versuchte Anna Maria Pye zu beruhigen, „werden wir dank Roger weit weg außerhalb ihrer Reichweite sein."

Roger entnahm diesen Worten das Vertrauen, das Anna Maria in ihn setzte. „Danke, ich werde mein Bestes tun."

Die Grenze

Die Beleuchtung an den Straßenrändern wurde intensiver.

„Wir nähern uns der Grenze."

Roger begann mit seiner Rechten im Handschuhfach zu kramen, während er mit der Linken das Lenkrad festhielt, um mit dem Wagen nicht von der Straße abzukommen.

„Wenn wir es über die Grenze geschafft haben, dann können sie die Fotos gerne finden", antwortete Roger und zog aus dem Handschuhfach die Pässe von Maria und Pye hervor. Maria nahm sie ihm ab und schlug sie auf. In dem einen Pass fand sie ihr gewohntes Bild wieder, in dem anderen das von Pye. Doch laut dem Pass hieß sie nun nur noch Maria und ihr Familienname war auf Hudson geändert. Pye hieß Pilgrim Hudson.

„Wir sind jetzt die Familie Hudson", zwang sich Roger zu einem breiten Fotogrinsen. Er schlug mit der Rechten seinen Pass auf und hielt ihn vor Maria. Neben seinem Bild stand Dr. Roger Hudson.

„Ich war auf einem Arztkongress hier und ihr habt mich begleitet. Jetzt fahren wir zurück nach Hause."

Pye hatte verstanden. Die Straße vor ihnen begann sich in mehrere Spuren aufzufächern, die allesamt auf die Grenzstationen zuliefen. Zu Stoßzeiten reihten sich hier Auto an Auto, über alle Spuren, und es herrschte ein reger Andrang. Doch jetzt, weit außerhalb der Reisezeit, unter der Woche, war nur eine Spur vor ihnen geöffnet. Die Schlange der wartenden Autos war überschaubar kurz. Die Grenzer ließen die Autos rasch durch. Nur noch wenige hundert Meter und sie würden alles hinter sich lassen. In Anna Maria stieg ein beklemmendes Gefühl hoch.

„Und wenn sie die Pässe als Fälschungen erkennen?"

„Dann haben wir ein Problem."

„Und wenn Chavrez die Grenze informiert hat, dass wir kommen? Wenn sie nur auf uns warten?"

„Dann haben wir auch ein Problem. Meine Hoffnung ist, dass Chavrez die Grenzer nicht informieren durfte oder er zumindest erst seine Vorgesetzten erst fragen musste, ob er die Grenzer in seine Jagd einweihen darf. Wenn dem so ist, haben wir eine Chance, dass er noch keine Antwort bekommen hat.“

Roger überprüfte, ob alles an ihnen nach Urlaubsrückkehrer aussah. Sie sahen, wie der Grenzer ihren Wagen heranwinkte. Sie waren die Nächsten.